Canes
en folie !
idées créatives en pâte polymère

Magali Chauveau & Nathalie Turle-Durang

W0241061

CréaPassions
www.creapassions.com

Autre livre de Magali Chauveau :
40 grigris créatifs en pâte polymère, 12 €

Retrouvez tous nos ouvrages sur
www.creapassions.com
le site du scrap et des loisirs créatifs

recevez gratuitement notre astuce du jour
suivez l'actualité de nos ouvrages
et retrouvez toutes nos collections

Directrice
des collections Créapassions
Emmanuelle PROT
Tél. : 06 17 06 43 02
Email : eprot@creapassions.com

© Copyright Eurofina
Publications 2010
ISBN 978-2-8141-0021-3

CréaPassions™ ScrapAttitude™, DécoAttitude™ et Square des Loisirs™ sont des marques déposées ou exploitées par Eurofina Publications S.A., 20, boulevard Victor Hugo, 87000 Limoges.

« Toute reproduction ou représentation, intégrale ou partielle, par quelque procédé que ce soit, de la présente publication, faite sans l'autorisation de l'Éditeur est illicite (article L. 122-4 du Code de la propriété intellectuelle) et constitue une contrefaçon. »

Sommaire

Découverte de la pâte polymère à travers **les canes...**

Les manières d'utiliser la pâte polymère sont nombreuses et variées. Vous avez sans doute déjà entendu parler de la réalisation de canes. Mais pourquoi faire une cane, et comment ? Et surtout une cane de quoi ?
Ces questions, vous vous les êtes peut-être déjà posées en achetant des pains de pâte polymère.

Ce livre va vous guider pas à pas dans la réalisation de canes des plus simples aux plus complexes, qui n'auront de limite que votre imagination *(voir photo 1)*.

Définition d'une cane

Aussi, commençons par le début : qu'est-ce qu'une cane et à quoi sert-elle ?
Pour les polyméristes averties, le terme « cane » désigne un petit rouleau de pâte qui contient un dessin plus ou moins complexe dont on coupe des tranches.

Ces tranches seront ensuite appliquées sur des perles rondes ou plates pour la réalisation de bijoux, ou utilisées telles quelles sous forme de boutons par exemple pour les décorations de scrap ou pour agrémenter une jolie broderie *(voir photo 2)*.

1

2

à savoir

Nous avons essayé d'attribuer à chaque cane un symbole représentant la facilité d'exécution. Cela peut vous aider pour choisir par quelle cane commencer.

*** : facile, novice**
**** : moyen, débutant**
***** : difficile, confirmé**
****** : complexe, expert**

Les différentes pâtes **polymères**

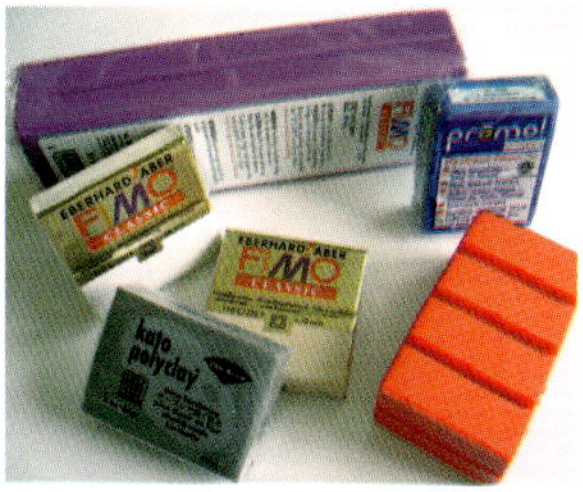

Les différentes pâtes polymères

Comme en cuisine, la réussite d'une cane dépend des ingrédients utilisés pour la réaliser. Il existe plusieurs marques de pâte polymère, dont la plus connue en France est la Fimo soft ou classique. Vous trouverez aussi de la Kato Polyclay, de la Cernit et de la Sculpey.

Ces pâtes n'ont pas toutes les mêmes propriétés, certaines étant plus adaptées au modelage par exemple, et pour cette raison, nous vous recommandons de travailler une pâte ferme (comme la Kato Polyclay ou la Fimo classique) qui permettent une plus grande précision dans les détails, et moins de déformation lors de la réduction *(voir page 113)*.

Les pâtes à effets

- Les pâtes cuivre, or et argent : elles contiennent des particules de mica, et ont la propriété de renvoyer la lumière. Ce sont des effets de mica shift. Lors de la réalisation des canes de ce livre, cet effet n'apparaît pas car les particules de mica ne sont pas exploitées de la bonne façon.
- Les pâtes translucides : elles permettent des effets de profondeur et sont adaptées aux techniques de cane.
- Les pâtes à paillettes : elles ne sont pas du tout utilisables pour la réalisation de canes (les paillettes créent des déformations lors de la découpe des tranches de cane).

conseil

On trouve facilement de la Fimo et de la Kato Polyclay, notamment chez Perles & Co ***(voir page 119).***

L'approche des **couleurs**

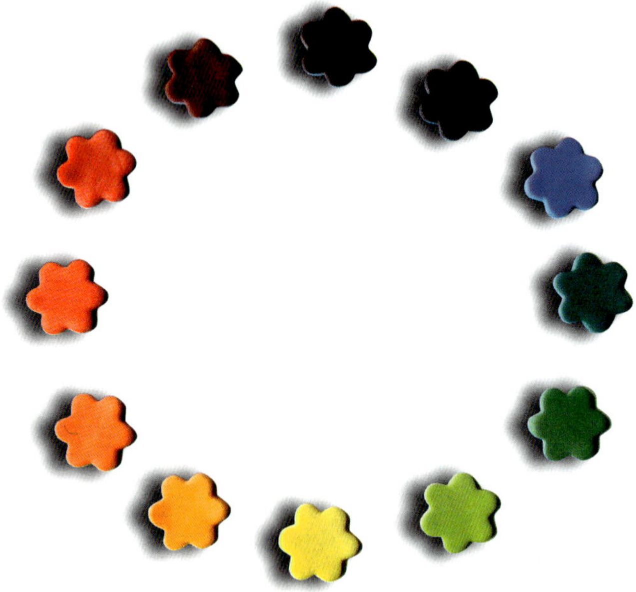

Les couleurs toutes faites proposées par les fabricants sont nombreuses, mais souvent assez vives.

Le choix des couleurs de votre cane est une étape importante : il conditionne le résultat que vous allez obtenir. Si vous débutez, lisez attentivement les conseils page 111, trouvez des associations de couleurs grâce à vos tenues, vos papiers de scrapbooking, ou à des revues de mode...

N'hésitez pas à investir dans un disque chromatique : il vous sera utile pour faire vos mélanges.

astuce
Retrouvez dans le cahier technique page 111 des détails sur la manipulation et la transformation de la pâte.

Des canes **à la folie !**

Les canes simples : la **cane cible**

1

2

3

Comment faire ?

Photos 1 et 2

1. Réalisez un boudin régulier qui constituera le centre de la cane cible.
2. Préparez plusieurs plaques de couleurs et d'épaisseurs différentes.
3. Entourez-en le boudin en alternant les couleurs.

Photo 3

4. Réduisez la cane obtenue à la taille souhaitée.

bonne idée

Remplacez le centre de la cane cible par une cane dégradé-spirale ***(voir page 11).***

Les canes simples : la **cane spirale**

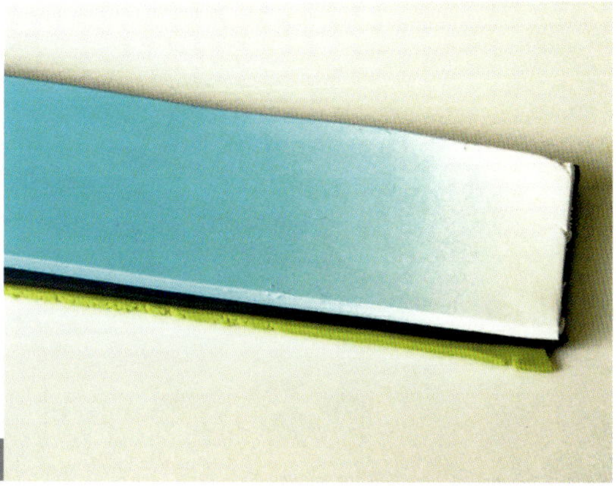

1

2

3

Comment faire ?

Photo 1

1. Préparez au minimum deux plaques rectangles de couleurs contrastées et de même taille.
2. Superposez-les.
3. Aplatissez les extrémités.

Photo 2

4. Roulez délicatement depuis une extrémité vers l'autre.

Photo 3

5. Réduisez la cane obtenue à la taille souhaitée.

astuce

Remplacez une ou les deux plaques de la cane spirale par un dégradé ***(voir page 10 la fabrication d'un dégradé).***

Le dégradé et ses **variations**

1

2

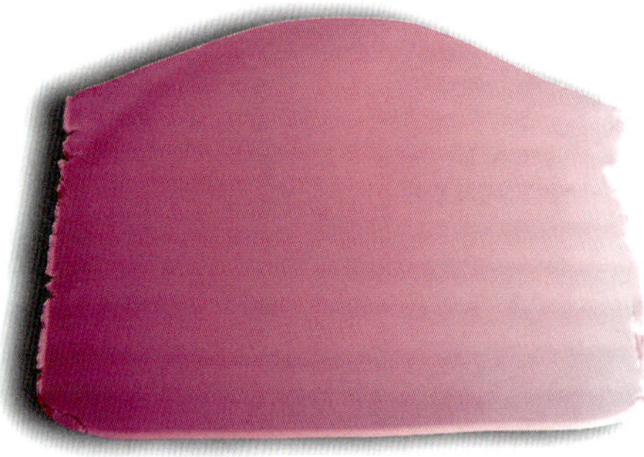

3

Comment faire un dégradé ?

Photo 1

1. Choisissez une couleur et du blanc.
2. Réalisez deux triangles rectangles et associez-les de façon à obtenir un rectangle.

Photo 2

3. Pliez la plaque en deux et passez-la dans la machine, au plus gros écartement, pli vers le bas.
4. Répétez l'opération une bonne vingtaine de fois minimum, en pliant toujours dans le même sens.

Photo 3

5. Vous obtenez une plaque d'une seule couleur dégradée, du plus clair au plus foncé.

conseil

N'hésitez pas à utiliser fréquemment un dégradé dans la réalisation de vos canes, cela apporte à la fois lumière et volume.

variante

Vous pouvez utiliser trois couleurs ou plus pour votre dégradé *(voir pages 70 ou 76).*

Cette technique de dégradé a été mise au point par Judith Skinner.

Comment utiliser votre **dégradé ?**

1

2

3

4

Tel quel : Photo 1

Utilisez la plaque telle quelle, pour faire un pendentif par exemple ou une cane spirale *(voir page 9)*.

Affiné : Photo 2

Affinez votre plaque dégradée en la passant à la machine en diminuant progressivement l'écartement des rouleaux.

En cane dégradé-spirale : Photo 3

1. Roulez en spirale le dégradé affiné du plus clair au plus foncé, ou inversement.
2. Réduisez suivant l'utilisation.

En cane dégradé-accordéon : Photo 4

1. Pliez le dégradé affiné en accordéon.
2. Vous obtenez un cube que vous pourrez réduire pour vos projets de canes.

Jouez avec les dégradés : la cane **mosaïque**

1

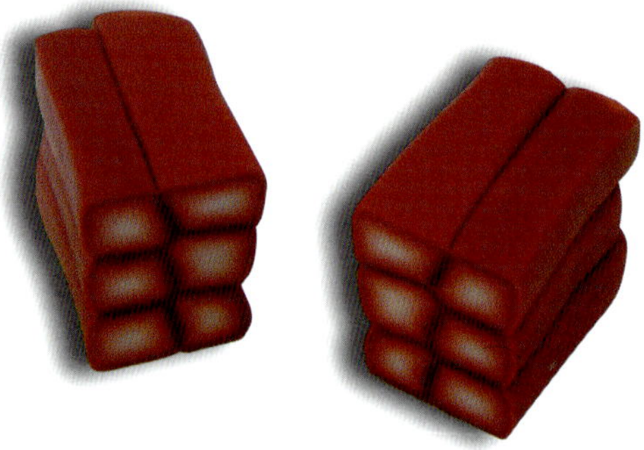

2

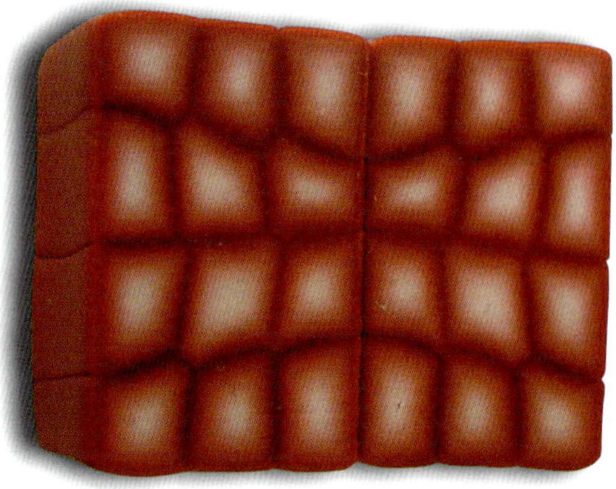

3

Comment faire ?

Photo 1

1. Réduisez une cane dégradé-spirale en un long boudin d'environ 0,5 cm de diamètre.
2. Coupez-le en six tronçons d'égale longueur.

Photo 2

3. Assemblez les tronçons sous forme de rectangle et réduisez le rectangle.
4. Coupez-le en deux, puis assemblez à nouveau.

Photo 3

5. Recommencez jusqu'à obtenir une cane rectangle mosaïque dégradée.

bonne idée

Multipliez les couleurs des dégradés pour obtenir des canes mosaïques vitaminées !

Jouez avec les dégradés : la **cane zèbre**

1

2

3

4

Comment faire ?

Photo 1

1. Préparez une cane dégradé-accordéon.

Photo 2

2. Coupez-la en six tronçons.

Photo 3

3. Formez un rectangle en alternant les tronçons tête-bêche.

Photo 4

4. Réduisez, coupez en deux et rassemblez pour obtenir une cane zèbre.

1. Petites bébêtes : J'ai cru voir **un Rosminet**

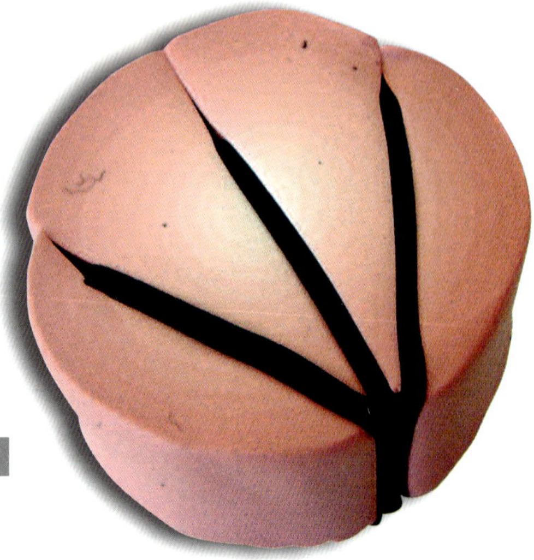

1

2

Comment faire ?

Photo 1

1. Réalisez un dégradé du rose vers le blanc.
2. Roulez-le en cane dégradé-spirale, du blanc vers le rose *(voir page 11)*.
3. Coupez cette cane en trois tronçons identiques.
4. Prenez un des tronçons et tranchez-le en quatre pour y insérer des fines bandes noires jusqu'aux 3/4 comme sur la photo.

Photo 2

5. Entourez cette cane d'une fine bande noire puis réduisez-la. Recoupez-la en deux.
6. Prenez le deuxième tronçon de cane rose et réduisez-le en triangle, coupez-le à la même hauteur. Placez ces trois morceaux sur le plan de travail.

niveau de difficulté **

pâtes

Noir, rose, vert pomme, blanc.

astuce

Vérifiez bien les proportions et n'hésitez pas à réduire certaines canes pour l'harmonie de l'ensemble.

Photo 3

7. Réalisez un dégradé du vert vers le blanc, puis transformez-le en cane dégradé-spirale, le blanc au centre.
8. Coupez cette cane au milieu pour y insérer une fine bande noire, puis entourez-la d'une autre fine bande noire.
9. Réduisez pour obtenir le même diamètre que la cane-museau mais en rond, puis coupez deux morceaux de même hauteur.

3

4

Photo 4

10. Placez les deux yeux au-dessus des trois morceaux précédents, puis commencez à combler le tour avec de la pâte noire. Insérez verticalement, sous le museau, une fine bande rose.

5

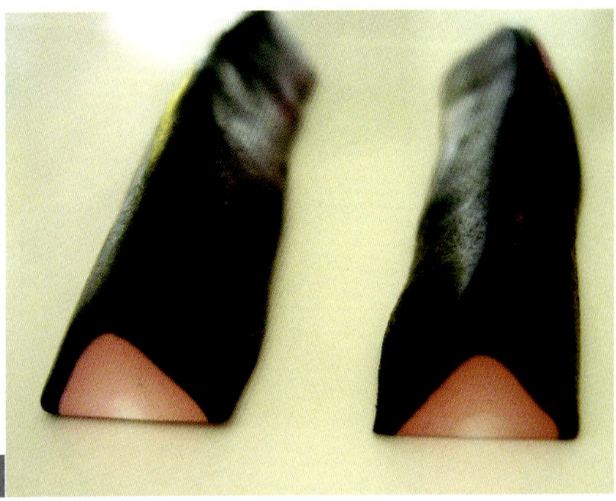

6

Photo 5

11. Continuez à combler avec de la pâte noire pour avoir une forme ronde.
12. Réduisez à un diamètre à votre convenance.

Photo 6

13. Réalisez les oreilles avec le reste de cane dégradé-spirale rose en l'entourant d'une fine bande noire. Puis réduisez la cane obtenue pour avoir la même hauteur que votre cane tête.
14. Coupez-la dans le sens de la longueur et donnez-lui une forme triangulaire.

7

Photo 7

15. Placez ces moitiés de cane sur la tête du chat, sans trop appuyer pour ne pas les déformer.

8

Photo 8

16. Vous pouvez utiliser votre cane telle quelle ou l'entourer d'une fine couche de translucide pour pouvoir la réduire à nouveau.

astuce

N'hésitez pas à changer la couleur du pelage du chat ou des yeux, partez dans des couleurs délirantes pour des chats jaune, bleu, vert, rose et créez un bijou chat-oyant !

Il est passé par **là !**

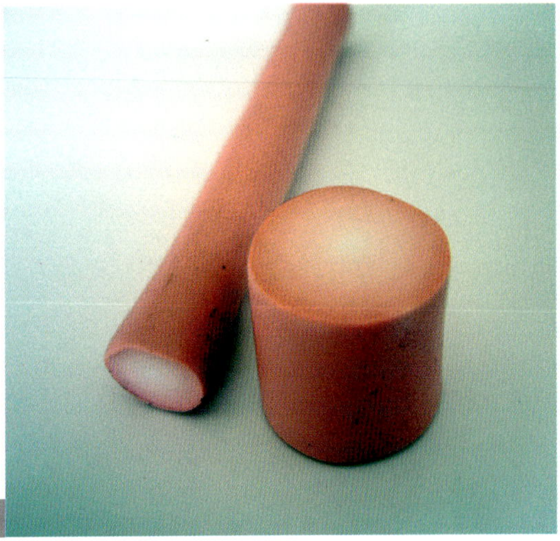

1

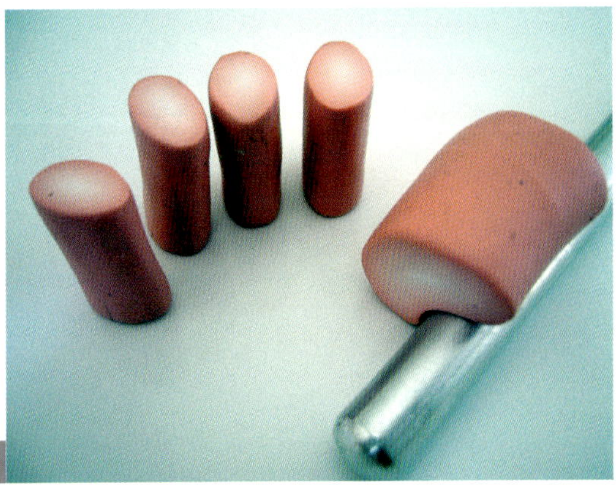

2

Comment faire ?

Photo 1

1. Réalisez un dégradé du blanc vers le rose.
2. Transformez le dégradé en cane dégradé-spirale, en roulant du blanc vers le rose, le blanc est au centre *(voir page 11)*.
3. Coupez cette cane en deux.
4. Réduisez un morceau à un diamètre d'environ 1,5 cm et le deuxième à un diamètre de 0,5 cm.

Photo 2

5. Modelez le plus gros morceau en forme de graine de haricot avec un outil arrondi.
6. Coupez le plus fin morceau en quatre tronçons de même longueur et modelez-les en forme ovale.

niveau de difficulté *

pâtes

Rose, blanc et noir.

3

4

5

Photo 3

7. Entourez chaque partie avec une fine bande de pâte noire.

Photo 4

8. Placez les boudins en forme sur votre plan de travail et comblez les vides entre les boudins par des triangles de pâte noire de façon à obtenir une cane arrondie.
9. Finissez par une fine bande de pâte noire tout autour.

Photo 5

10. Réduisez votre cane au diamètre désiré.

bonne idée

Si vous utilisez le même rose que pour le museau du chat *(voir page 14)*, vous aurez deux canes parfaitement assorties.
Utilisez-les comme embellissements (décorations) pour scrapper les photos de votre petit félin préféré !

Poisson **tropical**

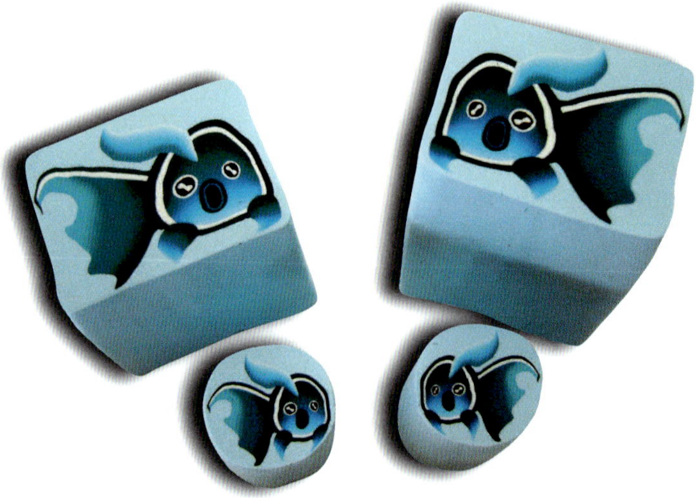

Comment faire ?

Photo 1

1. Réalisez un dégradé conséquent avec, dans l'ordre, vert foncé, vert, bleu turquoise et blanc. Transformez-le en cane dégradé-accordéon *(voir page 11)*.

2. Coupez cette cane en trois parties égales : la tête, les nageoires et la queue.

niveau de difficulté

***

pâtes

Vert foncé, vert, turquoise, blanc, noir, bleu pâle.

conseil

Cette cane contient beaucoup de détails, il faut vraiment ne pas hésiter à utiliser une grande quantité de pâte (au moins ½ pain de 56 g de chaque couleur pour obtenir un dégradé suffisant pour tout le poisson).

2

3

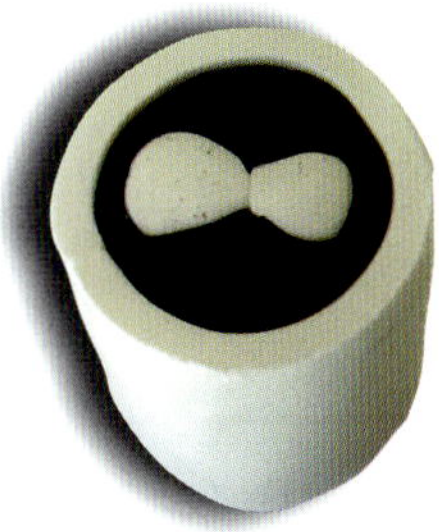

4

5

Comment faire la tête ?

Photo 2

3. Prenez l'un des tiers, arrondissez-le pour obtenir un cylindre. Cela forme la tête du poisson, mettez-la de côté.

Photo 3

4. Pour les yeux, modelez deux boudins de pâte blanche, entourez-les d'une fine bande de pâte noire.

Photo 4

5. Comblez avec des triangles noirs pour former un cylindre, entourez d'une fine bande blanche.

Photo 5

6. Réduisez cette cane œil pour avoir un diamètre aux proportions équilibrées avec votre cylindre tête.

6

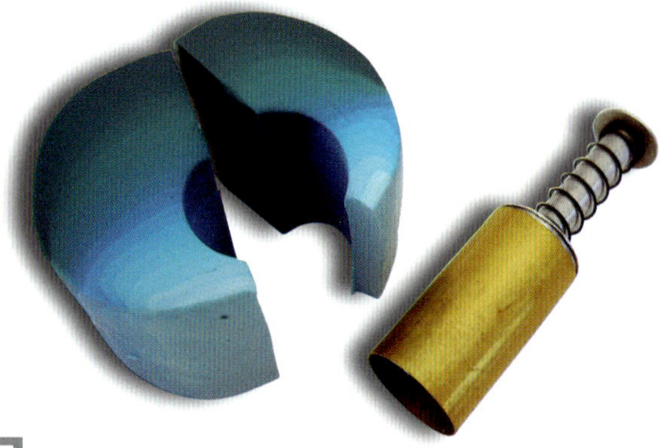

7

Photo 6

7. Pour la bouche, fabriquez une cane cible *(voir page 8)* avec un centre noir, une bande turquoise fine, puis une verte plus épaisse.

8. Réduisez-la pour avoir un diamètre aux proportions équilibrées avec votre cylindre tête. Donnez-lui une forme ovale.

Photo 7

9. Placez votre cylindre tête couleur claire vers le bas, découpez une fente verticale et creusez avec un emporte-pièce pour y insérer la cane bouche. Placez la cane bouche et refermez bord à bord la cane tête.

8

9

Photo 8

10. Faites une fente perpendiculaire à la précédente, et procédez comme pour la bouche pour insérer les yeux.

Photo 9

11. Entourez la tête d'une bande de pâte blanche, puis d'une verte plus épaisse.

conseil

Prenez votre temps pour insérer les différentes canes dans la tête pour ne pas déformer la cane en appuyant avec l'emporte-pièce.

10

11

Comment faire les nageoires ?

Photo 10

12. Prenez un deuxième tiers de la cane accordéon, coupez-le en deux parties égales.
13. Réduisez une des deux moitiés pour réaliser un boudin plus fin que le corps.
14. Coupez ce boudin en deux et modelez les nageoires. Insérez-les en creusant légèrement le corps *(voir photo 12)*.

Photo 11

15. Modelez l'autre moitié pour former la nageoire du dessus.
16. Faites une fente au niveau du corps pour insérer la nageoire supérieure.

12

13

14

Comment faire la queue ?

Photo 12

17. Pour la queue, prenez le tiers restant du dégradé de départ, façonnez-le à l'aide d'un emporte-pièce pour former les volutes de la queue.

Photo 13

18. Sur la partie haute de la queue, posez une bande de pâte blanche, puis une bande de pâte vert foncé.
19. Positionnez la queue sur la tête.
20. Entourez-le tout d'une bande bleu pâle.

Photo 14

21. Comblez les interstices avec de la pâte bleu pâle pour obtenir une cane rectangulaire.
22. Réduisez.

Drôles de **frimousses**

Comment faire ?

1. Réalisez un dégradé du orange vers le blanc. Transformez-le en cane dégradé-spirale, en roulant du blanc vers le orange *(page 11)*.
2. Coupez cette cane en trois morceaux de longueur identique.

bonne idée

N'hésitez pas à personnaliser les expressions de vos drôles de frimousses pour afficher votre humeur du moment sur votre porte-clef ou votre grigri de clé USB !

pâtes

Orange, noir et blanc.

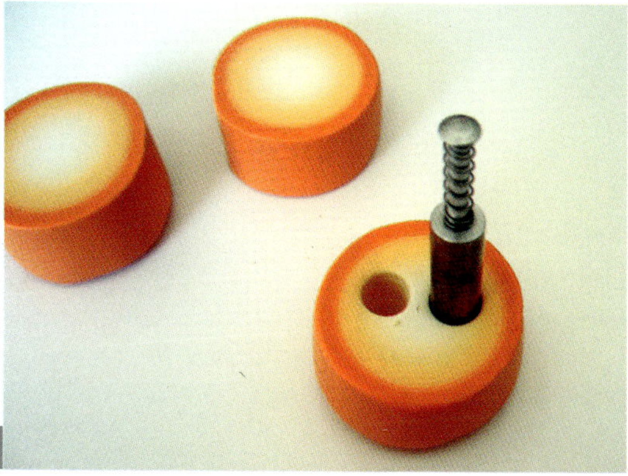

1

2

3

Comment faire une tête de frimousse souriante ?

Photo 1

1. Sur l'un des trois morceaux de cette cane, réalisez deux trous à l'aide d'un petit emporte-pièce rond.
2. Insérez deux boudins de pâte noire de même diamètre.

Photo 2

3. Avec un emporte-pièce ovale, découpez la forme du sourire.

Photo 3

4. Insérez une fine bande de pâte noire.
5. Refermez le tout et entourez la cane d'une fine bande de pâte noire.
6. Réduisez.

1

2

3

Comment faire une frimousse de frimeur ?

Photo 1

1. Prenez le deuxième morceau de cane dégradé-spirale orange, fendez la cane en deux morceaux au tiers supérieur.
2. Réalisez deux trous à l'aide d'un petit emporte-pièce carré.

Photo 2

3. Insérez deux cubes de pâte noire de même section.
4. Insérez une fine bande de pâte noire entre les deux cubes pour former les lunettes.

Photos 2 et 3

5. Faites une fente diagonale pour y insérer une fine bande noire, refermez puis faites une autre fente diagonale pour y insérer une deuxième bande noire.
6. Refermez le tout et entourez la cane d'une fine bande de pâte noire.
7. Réduisez.

1

2

Comment faire une tête de frimousse malade ?

Photo 1

1. Dans le dernier morceau de cane dégradé-spirale orange, réalisez un trou à l'aide d'un petit emporte-pièce rond.
2. Insérez un boudin de pâte noire de même diamètre.
3. Faites une fente horizontale à côté pour y insérer une fine bande noire, puis une fente perpendiculaire pour y insérer une autre fine bande noire.

Photo 2

4. Réalisez une fente au tiers inférieur à l'aide d'une lame ondulée.
5. Insérez une fine bande de pâte noire.
6. Refermez le tout et entourez la cane d'une fine bande de pâte noire.
7. Réduisez.

bonne idée

Amusez-vous à varier les couleurs de vos drôles de frimousses et à créer une collection de binettes rigolotes assorties à vos tenues.

Petit **patapon**

1

2

Comment faire la tête ?

Photo 1

1. Modelez un petit boudin de pâte grise, entourez-le entièrement d'une bande de pâte blanche, puis partiellement d'une deuxième bande de pâte blanche.

Photo 2

2. Entourez cette cane d'une fine bande grise.
3. Réduisez à un diamètre d'environ 0,5 cm et coupez deux tronçons de 3 cm de hauteur, posez-les côte à côte sur votre plan de travail.
4. Intercalez deux petits triangles de pâte blanche.

niveau de difficulté ***

pâtes

Gris anthracite, blanc, bleu et un peu de rose.

bon à savoir

Prévoyez une assez grande quantité de pâte de couleur dominante, surtout si c'est un mélange que vous réalisez, pour avoir une couleur homogène du contour de la cane.

3

4

Photo 3

5. Modelez un triangle de pâte rose et posez-le sous les yeux pointe vers le bas, pour former le museau.
6. Insérez une petite bande rose sous le museau et comblez de chaque côté avec des demi-boudins de pâte blanche, et deux petits triangles dessous, pour mettre en forme la tête.
7. Entourez d'une bande de pâte blanche.

Photo 4

8. Entourez d'une fine bande de pâte grise, puis réduisez en gardant la forme triangulaire de cette cane tête à un diamètre d'environ 1 cm *(voir les instructions de réduction page 113)*.
9. Coupez un tronçon de 3 cm de hauteur.
10. Modelez deux boudins assez fins de même hauteur et placez-les de part et d'autre de votre cane tête, en pinçant légèrement pour former les oreilles.

5

Comment faire la laine ?

Photo 5

11. Faites une grande plaque de pâte grise et une autre de pâte blanche épaisses, superposez-les.
12. Passez-les dans la machine à pâte pour affiner l'ensemble.
13. Roulez en cane spirale *(voir page 9)*.

Photo 6

14. Réduisez à un diamètre d'environ 0,5 cm.
15. Coupez des tronçons de 3 cm de long dans cette cane.
16. Réduisez à nouveau un des tronçons à une longueur de 9 cm, il aura bien sûr un diamètre inférieur, coupez-le en trois parties.

6

7

8

9

Comment réaliser l'assemblage ?

Photo 7

17. Placez les trois plus petites spirales sur le haut de la tête du mouton.
18. Placez ensuite les autres tronçons de cane spirale sous le mouton et en quinconce pour former le corps.

Photo 8

19. Modelez un boudin de pâte bleu que vous coupez en tronçons de 3 cm de hauteur.
20. Fendez chaque tronçon en deux, puis en quatre pour avoir des petits triangles.

Photo 9

21. Insérez ces petits triangles autour du mouton entre chaque spirale pour conserver leur forme bombée lors de la réduction.

10

11

Photo 10

22. Entourez et comblez ensuite de plusieurs bandes de pâte bleue jusqu'à former une cane ronde.

Photo 11

23. Faites une fente dans cette partie bleue pour y insérer une très fine bande de pâte grise, ainsi qu'un petit boudin pour former les pattes.
24. Refermez et recommencez cette opération trois fois autour des spirales.

conseil

Fendez bien jusqu'aux spirales pour insérer ensuite la fine bande au ras des spirales, sinon les pattes risquent de ne pas s'accrocher au corps lors de la réduction.

12

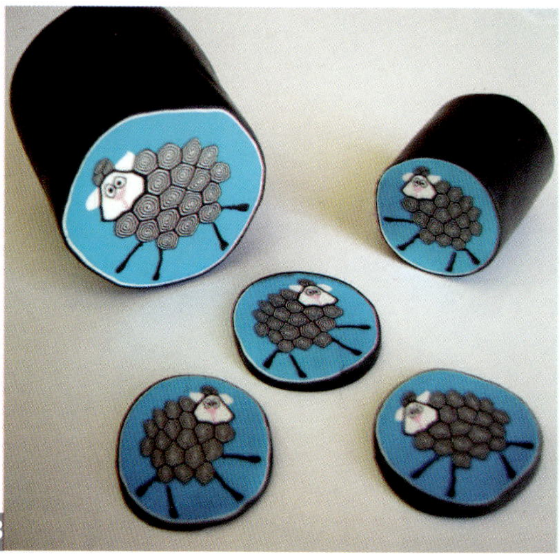

13

Photo 12

25. Entourez d'une fine bande de pâte bleue, puis d'une très fine bande de pâte blanche, et pour finir d'une fine bande de pâte grise.

Photo 13

26. Laissez reposer votre cane, puis réduisez-la au diamètre souhaité, vous avez maintenant votre petit troupeau de moutons.

bonne idée

Amusez-vous à changer les couleurs des spirales ou du fond pour un cheptel original et coloré qui pourra se transformer en boutons rigolos assortis à vos laines de tricots.

Dans le jardin : Effeuillez **la pâquerette**

Je t'aime,
Un peu,
Beaucoup,
Passionnément,
À la folie...

1

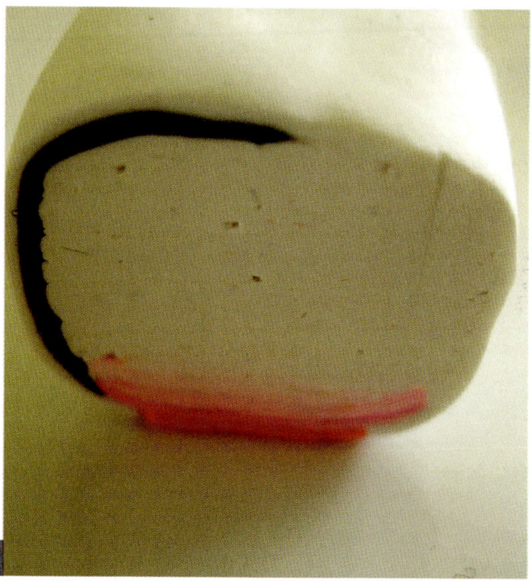

2

Comment faire ?

Photos 1 et 2

1. Faites un dégradé de blanc et de rose. Coupez le bord rose pour garder une fine largeur de rose pâle et beaucoup de blanc. Formez une cane dégradé-accordéon *(voir page 11)*.
2. Entourez-la d'une fine bande de couleur noire sur un côté et jusqu'à la moitié du dessus. Entourez le tout d'une fine bande de couleur blanche. Réduisez jusqu'à 30 cm de long. Coupez dix tronçons.

niveau de difficulté *

pâtes

Fuchsia, noir, blanc, jaune pâle.

3

4

5

6

Photos 3 et 4

3. Formez les pétales : pincez un côté, puis l'autre, pour obtenir une cane de forme ovale. Faites bien attention de garder le côté fuchsia face au côté blanc sans tourner le motif.

Photos 5 et 6

4. Arrangez les pétales en forme de fleur, en faisant attention de toujours positionner le côté noir dans le même sens.
5. Réalisez un boudin jaune, entourez-le d'une fine bande de couleur fuchsia. Insérez-le au centre de la fleur.

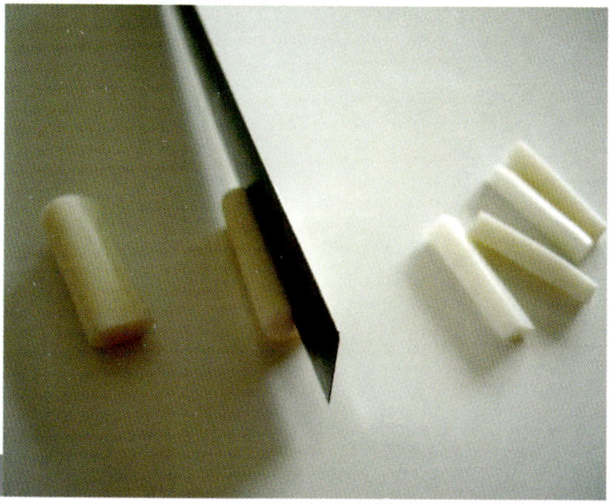

7

8

9

Photo 7

6. Réalisez un fin boudin de pâte transparente. Coupez trois tronçons de 3 cm de hauteur, coupez-les en quatre (une fois en deux dans le sens de la longueur, puis chaque moitié en deux). Vous obtenez douze triangles.

Photos 8 et 9

7. Insérez les triangles entre les pétales, puis recouvrez le tout d'une fine bande de pâte transparente. Réduisez.

bonne idée

Vous pouvez utiliser des tranches de cane pour réaliser des breloques *(voir page 117)* pour agrémenter une création de votre choix, comme ici ce bracelet. Amusez-vous à varier les breloques pour un bijou plein de fantaisie.

Gentil **coquelicot**

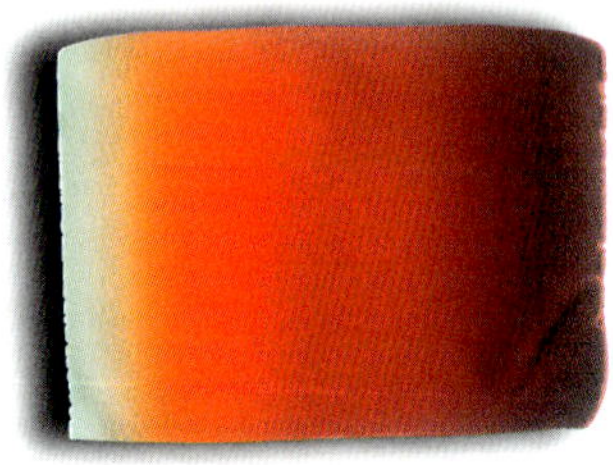

1

2

3

Comment faire ?

Photo 1

1. Réalisez un dégradé avec les trois nuances de rouge, du plus foncé au plus blanc. Utilisez une petite quantité de blanc : le blanc sert à éclaircir un peu le ton de rouge.

Photo 2

2. Pliez le dégradé en cane dégradé-accordéon *(voir page 11)*.

4

Photos 3 et 4

3. Coupez le bloc obtenu d'abord en deux. Faites attention de bien positionner le dégradé, le côté le plus foncé vers vous. Puis coupez à nouveau le bloc de façon à obtenir six morceaux symétriques.

niveau de difficulté **

pâtes

Noir, blanc, vert kaki et trois nuances de rouge : rouge bordeaux, rouge vif, rouge orangé.

5

6

Photo 5

4. Entre chaque morceau, insérez des fines plaques de couleur noire, de longueurs inégales. Ce sont les étamines. Entourez le bloc avec une fine plaque de couleur noire au niveau des étamines, sans faire le tour complet.

Photo 6

5. Placez de chaque côté, sur la plaque noire, deux plaques de pâte blanche, en débordant un peu vers le haut.

astuce

Les bandes de pâte blanche sur les côtés servent à apporter un peu de lumière à la cane et du relief. Attention à ne pas les faire trop épaisses, cela ne serait pas esthétique.

7

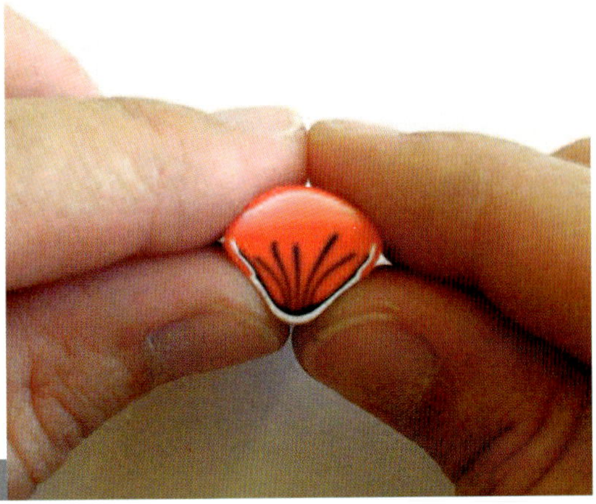

8

Photo 7

6. Finalement, recouvrez la cane avec une fine plaque de couleur rouge, en débordant un peu sur la couche blanche vers le bas. Réduisez cette cane afin de la couper en quatre tronçons de même longueur.

Photo 8

7. Pincez les tronçons en triangle, en positionnant les doigts comme sur la photo. Vous obtenez vos quatre pétales.

10

12

13

11

Photo 10

8. Préparez le centre du coquelicot. Réalisez un boudin de couleur verte et entourez-le d'une fine bande noire. Réduisez le boudin à 18 cm, coupez neuf tronçons de 2 cm de hauteur. Réduisez un de ces tronçons à la moitié du diamètre des autres tronçons.

Photo 11

9. Réorganisez les tronçons en cercle autour du tronçon réduit de moitié.

10. Réduisez de façon à pouvoir l'insérer entre les pétales, en faisant bien attention à ce que les pétales soient vraiment beaucoup plus gros que le centre.

Photos 12 et 13

11. Insérez de fins boudins noirs dans chaque angle entre les pétales, placez le centre vert et réduisez un peu sans trop serrer les pétales.

Romance et petites **dentelles**

Comment faire ?

Photo 1

1. Réalisez deux dégradés : un dégradé du rose vers le blanc (assez conséquent) et un dégradé du vert vers le blanc.
2. Coupez votre plaque de dégradé rose en deux dans le sens du dégradé.
3. Roulez les deux plaques de dégradé de rose en dégradé-cible, l'une avec le blanc au centre BC (= blanc au centre), l'autre avec le rose au centre RC (= rose au centre), reportez-vous à la page 11.
4. Entourez les canes RC et BC d'une fine plaque de marron-kaki. Réduisez la cane BC afin d'obtenir un petit boudin.
5. Avec la plaque de dégradé verte, réalisez une cane dégradé-accordéon.

1

niveau de difficulté **

pâtes
Rose, vert, marron-kaki, blanc.

2

3

Photo 2

6. Coupez la cane verte en deux dans la hauteur.
7. Insérez une fine plaque de couleur marron-kaki avec un fin boudin à l'extrémité.
8. Reformez la cane et entourez-la d'une fine plaque de marron-kaki.

Photo 3

9. Réduisez cette cane afin de l'insérer au milieu de la cane dégradé-cible RC. Et comblez le trou avec la cane BC tranchée en deux dans le sens de la longueur *(voir la photo)*.
10. Réduisez la cane obtenue à 18 cm. Puis tranchez six tronçons de longueur égale.

4

5

6

Photo 4

11. Modelez les pétales de la fleur et insérez le restant de la cane BC au centre de la fleur.

Photo 5

12. Comblez les espaces avec des triangles de couleur marron-kaki.

Photo 6

13. À l'aide d'un cure-dent, réalisez de petites encoches au milieu de chaque pétale. Comblez ces encoches par de fins boudins de couleur marron-kaki.

7

8

Photo 7

14. Entourez l'ensemble de la cane d'une fine plaque de couleur marron-kaki.
15. Réduisez la cane obtenue.

variante

Avec le restant de la cane dégradé-accordéon verte réduite, vous pouvez réaliser une cane fleur rapide *(voir la photo 8)*, en modelant six pétales autour d'un centre contrasté. Comblez les interstices entre les pétales avec un boudin de même couleur que le centre, entourez le tout d'une fine bande de même couleur et réduisez.

Souffle **d'exotisme**

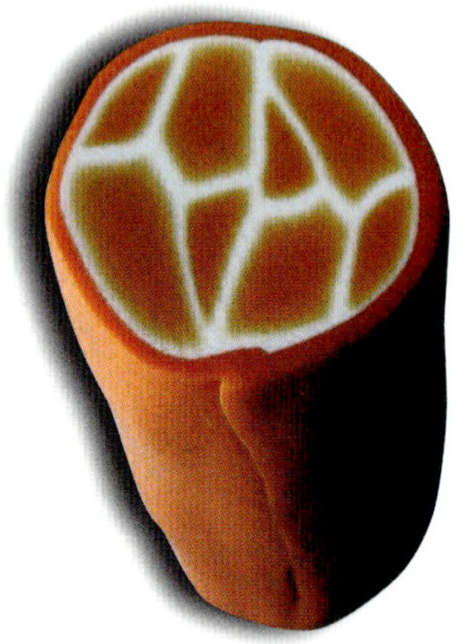

1

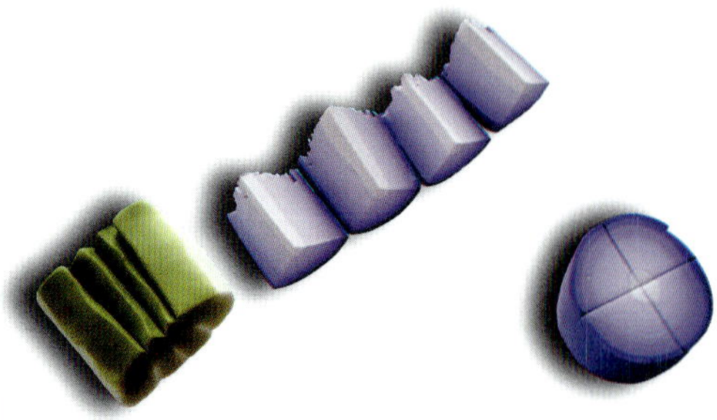

2

3

Comment faire ?

1. Réalisez un dégradé du blanc vers l'orange. Roulez-le en cane dégradé-spirale, l'orange au centre *(voir page 11)*.

Photo 1

2. Réduisez la cane à 12 cm environ et coupez-la en quatre tronçons égaux.
Assemblez-les, réduisez à 6 cm et coupez en deux. Assemblez les deux morceaux et entourez le tout d'une fine bande de couleur orange.

Photos 2 et 3

3. Réalisez deux dégradés :
- du violet vers le blanc, roulez-le en cane dégradé-spirale, le blanc au centre.
- du vert vers le blanc, roulez-le en cane dégradé-spirale, le vert à l'intérieur.

Coupez chaque dégradé en quatre, puis positionnez chaque morceau côte à côte pour les deux couleurs. Resserrez-les et allongez les deux canes obtenues.

niveau de difficulté **

pâtes

Vert, violet, blanc, orange.

4

5

6

7

Photo 4

4. Coupez chaque cane en deux, positionnez côte à côte, réduisez et donnez-leur une forme allongée.

Photos 5 et 6

5. Coupez la cane violette en deux. Réduisez la cane verte afin de l'englober entre les deux tronçons de cane violette.

Photo 7

6. Entourez la cane obtenue d'une fine bande de couleur blanche, puis d'une fine bande de couleur orange. Réduisez à 24 cm, coupez huit pétales de 3 cm.

7. Positionnez les pétales autour de la cane orange du départ (réduisez la cane orange si besoin).

astuce

Comblez les interstices avec des triangles de couleur orange si vous souhaitez réduire la cane !

Du soleil en **automne**

À l'approche de l'automne, emprisonnez un peu de soleil à vos oreilles !

1

2
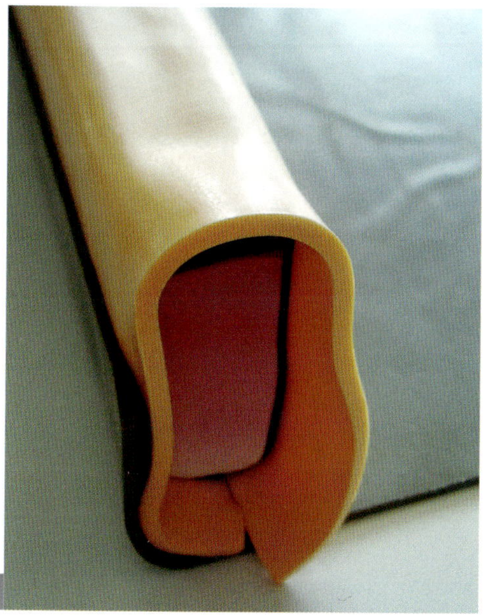

Comment faire ?

Photo 1

1. Réalisez un dégradé du blanc vers le vieux rose. Formez une cane dégradé-accordéon *(voir page 11)*. Entourez-la d'une fine bande de noir et réduisez à 18 cm environ, tout en gardant la forme rectangulaire.

Photo 2

2. Entourez le tout d'une fine bande de couleur jaune et à nouveau d'une fine bande de couleur kaki.

niveau de difficulté *

pâtes

Vieux rose, noir, blanc, jaune, kaki.

3

4

5

Photos 3, 4 et 5

3. Réduisez la cane à une longueur de 42 cm environ, en gardant la forme rectangulaire.
4. Coupez quatorze tronçons de 3 cm de long ; arrangez-les au fur et à mesure en forme de marguerite.

6

Photo 6

5. Réalisez une cane dégradé-spirale du blanc vers le jaune en roulant le blanc au centre *(voir page 11)*. Entourez-la d'une fine bande de kaki. Réduisez la cane au diamètre du centre de la fleur, coupez un tronçon de 3 cm et insérez le boudin au centre de la fleur.

7

Photo 7

6. Réalisez des petits triangles jaunes de 3 cm de longueur.
7. Insérez-les entre chaque pétale. Entourez le tout d'une fine bande de couleur jaune.

Photo 8

8. Réduisez au diamètre souhaité selon l'utilisation que vous allez en faire.

8

conseil

Réalisez les boucles d'oreilles de la page 36 : percez les tranches de cette cane et d'une cane spirale assortie, de part en part, pour y insérer une tige métallique. À l'aide d'une pince ronde, réalisez une boucle à chaque extrémité *(voir page 117)*. Utilisez une tige à bout plat pour les tranches de cane spirale. Assemblez le tout à l'aide d'anneaux brisés au support de boucle.

En tenue de **camouflage**

1

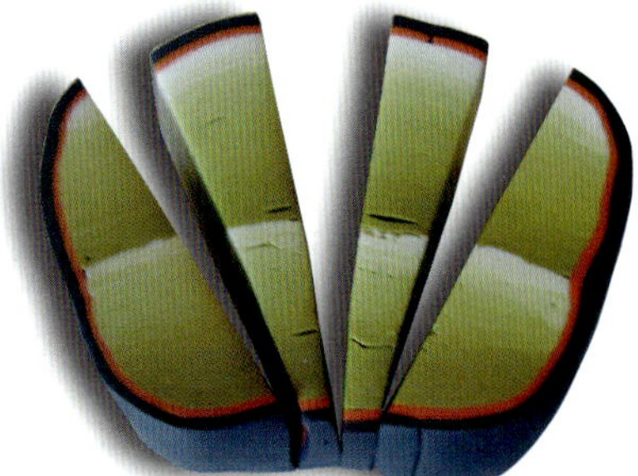

2

3

Comment faire ?

Photo 1

1. Réalisez un dégradé allant du blanc vers le kaki. Pliez-le en une cane dégradé-accordéon.
2. Coupez-la en deux et réajustez les deux demi-boudins l'un sur l'autre.

Photo 2

3. Entourez la cane obtenue par une fine plaque de couleur orange, puis une noire. Coupez l'ensemble en quatre morceaux.

Photo 3

4. Insérez aléatoirement un boudin noir très fin. Entourez aux 3/4 d'une plaque fine blanche.
5. Complétez avec une plaque orange de même épaisseur, puis entourez d'une fine plaque de noir.

niveau de difficulté **

pâtes
Kaki, noir, orange, blanc.

4

5

6

Photo 4
6. Réduisez la cane jusqu'à 18 cm. Coupez six tronçons de 3 cm.

Photo 5
7. Formez les pétales de votre fleur en pinçant l'extrémité intérieure. Positionnez les pétales sur votre plan de travail sans les serrer.

Photo 6
8. Réalisez une cane spirale avec deux plaques (noire et kaki). Réduisez-la à la taille du cœur de la fleur.
9. Insérez la cane spirale. La cane est prête à être utilisée.

Pop-**folk**

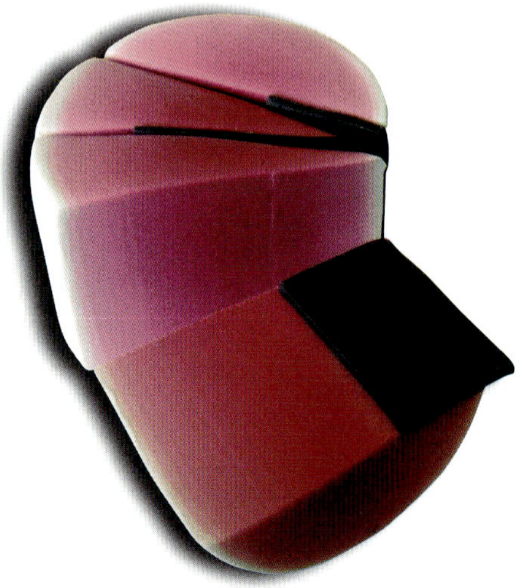

1

2

Comment faire ?

Photo 1

1. Réalisez un dégradé allant du blanc vers le rose et transformez-le en cane dégradé-cible en roulant du rose vers le blanc *(voir page 11)*.
2. Coupez cette cane en quatre morceaux pour insérer de très fines bandes de pâte grise qui forment les étamines. Variez les hauteurs pour apporter un peu de volume.
3. Reformez la cane et entourez-la d'une fine bande grise.

Photo 2

4. Réduisez, puis coupez cette cane en quatre tronçons de même taille.
5. Pincez les extrémités pour former des pétales pointus, en prenant garde à conserver l'alignement des étamines.

niveau de difficulté **

pâtes

Rose, gris, vert pomme très pâle, blanc.

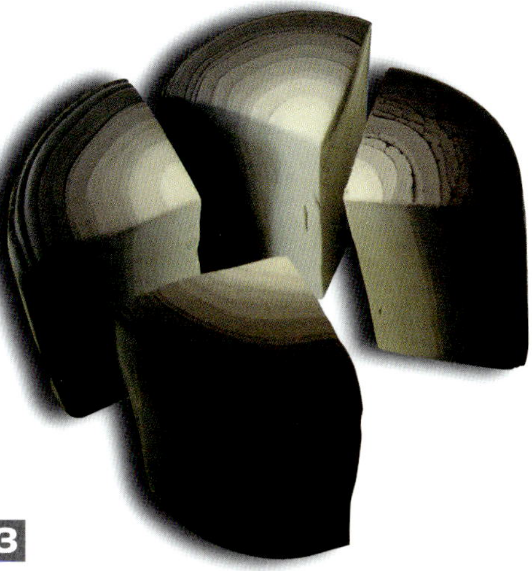

3

4

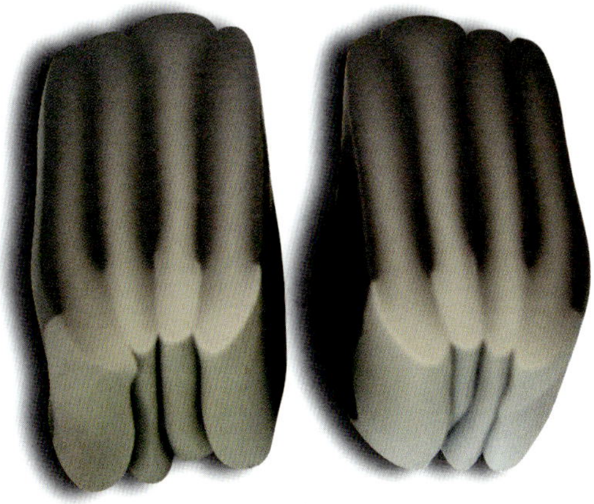

5

Photo 3

6. Réalisez un deuxième dégradé allant du blanc vers le gris et transformez-le en cane dégradé-cible, le blanc au centre *(voir page 11)*.
7. Coupez cette cane en quatre, en croix.

Photo 4

8. Pincez chaque quartier en ramenant le gris vers la pointe. Rassemblez-les.

Photo 5

9. Réduisez un peu, puis recoupez en deux et assemblez de nouveau.

astuce

N'essayez pas à tout prix d'obtenir un résultat régulier et symétrique pour cette partie. Dans la nature, les pétales ne sont pas toujours identiques.

6

7

Photo 6

10. Arrondissez ce carré obtenu et entourez-le d'une fine bande vert pâle avant de le réduire.
11. Coupez quatre tronçons de même taille que les pétales roses et donnez-leur la même forme pointue.

Photo 7

12. Réalisez un dernier dégradé allant du blanc vers le rose, et transformez-le en cane dégradécible, le centre rose.
13. Entourez cette cane d'une fine bande grise, puis réduisez.
14. Prélevez-en un petit morceau pour le réduire au diamètre du centre de la fleur.
15. Posez les pétales sur votre plan de travail en les alternant et insérez votre centre.

8

9

10

Photo 8

16. Dans la cane cible rose, tranchez huit tronçons de la hauteur de vos pétales.
17. Pincez-les comme les pétales, coupez en triangle une des extrémités pour retirer la partie grise.

Photo 9

18. Insérez-les dans la fleur, entre chaque pétale, côtés roses vers le centre.
19. Réalisez quatre boudins vert pâle, coupez-les en croix pour former des triangles à insérer entre les pétales.

Photo 10

20. Vous pouvez réduire votre cane au diamètre désiré.

bonne idée

Jouez avec la couleur, pensez à Noël en rouge et vert sapin.

Rougissime

1

2

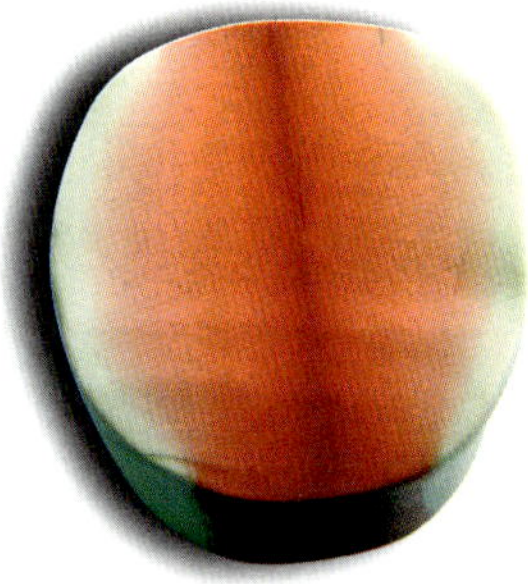

3

Comment faire ?

Photo 1

1. Réalisez un dégradé du blanc vers le rouge.
2. Formez une cane dégradé-accordéon *(voir page 11)*. Coupez la cane obtenue en deux, dans le sens du dégradé.

Photo 2

3. Réorganisez la cane en positionnant les deux côtés rouges face à face.

Photo 3

4. Tout en gardant la même hauteur de cane, resserrez la cane en rond.

niveau de difficulté *

pâtes

Rouge, noir, blanc.

bonne idée

Réutilisez cette cane dans une autre cane plus élaborée *(voir pages 102 à 107)*.

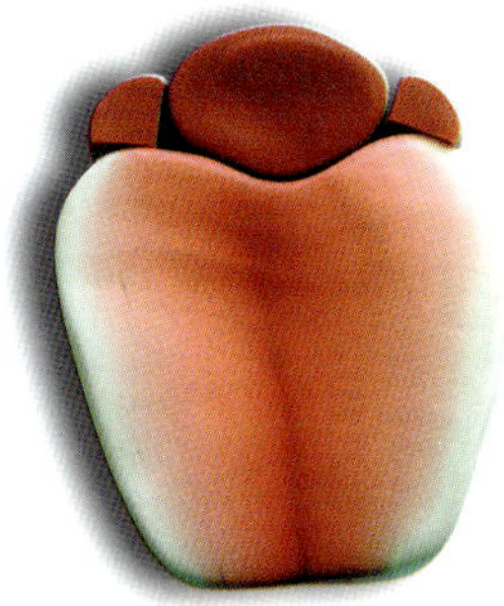

4

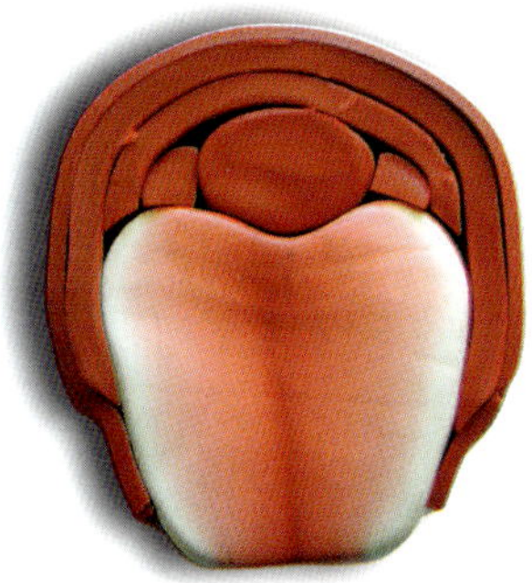

5

6

Photo 4

5. Modelez la cane en aplatissant un côté et creusez l'extrémité opposée à l'aide d'un outil rond.
6. Insérez dans le creux un boudin ovale rouge, ainsi que deux triangles rouges de chaque côté.

Photo 5

7. Recouvrez de plaques rouges successives de plus en plus proches de la base du pétale.
8. Entourez d'une fine plaque de pâte noire.
9. Réduisez à 15 cm, coupez en cinq tronçons égaux.

Photo 6

10. Rajoutez un boudin rouge au centre des pétales modelés en forme de fleur. La cane est prête à l'emploi.

tour de main

Coupez deux tranches, percez un petit trou au milieu d'un pétale de chaque tranche de cane. Cuisez, poncez, polissez suivant les instructions page 115. Insérez un anneau dans le trou, et montez sur un support de boucle d'oreilles.

Carnivorus **misstycus**

1

2

3

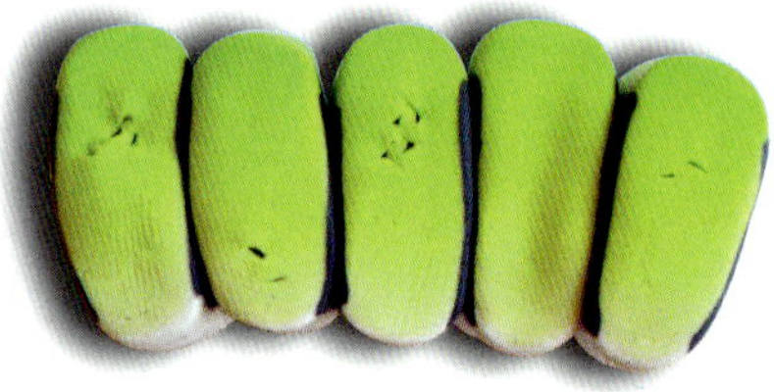

4

Comment faire ?

Photo 1

1. Réalisez un dégradé du vert vers le blanc assez conséquent, pliez-le en accordéon. Réalisez un autre dégradé du bleu vers le blanc, roulez-le en plaçant le blanc au centre. Vous obtenez une cane dégradé-spirale *(voir page 11)*.

Photo 2

2. Entourez la cane dégradé-spirale bleue d'une fine plaque de couleur noire. Entourez les deux côtés de la cane dégradé-accordéon avec deux fines plaques de couleur noire.

Photos 3 et 4

3. Réduisez la cane verte. Puis pincez les bords de chaque tronçon de façon à obtenir un ovale, gardez la même proportion pour tous les morceaux.

niveau de difficulté *

pâtes

Noir, blanc, bleu, vert kaki.

5

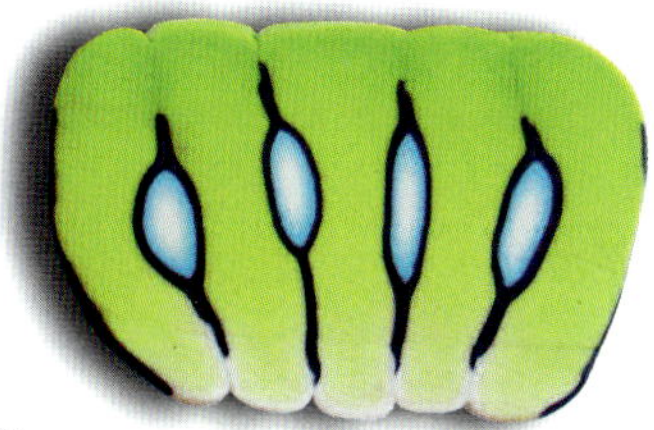

6

7

8

Photos 5 et 6

4. Réduisez la cane bleue, coupez-la en tronçons et insérez entre chaque ovale vert un petit boudin bleu. Prenez soin de ne pas trop déformer les ovales.

Photo 7

5. Entourez d'une fine plaque de couleur blanche jusqu'à la moitié de chaque côté, puis complétez le tour avec une fine plaque de couleur verte. Réduisez à 18 cm, puis coupez six tronçons de 3 cm.

Photo 8

6. Pincez l'intérieur des tronçons, puis réorganisez-les en forme de fleur autour du reste de la cane dégradé-spirale bleue.

Hypnose **végétale**

1

2

3

Comment faire ?

Photo 1

1. Réalisez un dégradé du blanc vers le vert. Formez une cane dégradé-accordéon *(voir page 11)*. Entourez-la d'une fine bande anthracite.

Photo 2

2. Allongez la cane en conservant une forme rectangulaire, sans l'élargir, sans l'écraser.

Photo 3

3. Passez-la dans la machine au plus gros écartement. Coupez tous les 3 cm.

niveau de difficulté **

pâtes

Vert, anthracite, kaki et blanc.

4

5

6

Photo 4

4. Superposez les morceaux obtenus en les alternant. Entourez le tout d'une fine bande vert clair et réduisez à 18 cm en arrondissant les bords pour obtenir une cane ronde.

Photo 5

5. Coupez la cane obtenue en six tronçons de même longueur.

Photo 6

6. Modelez chaque tronçon en forme de pétale et arrangez-les en forme de fleur. Sur la photo 6, on reprend la modification de la cane depuis la forme carrée à la forme fleur.

7

8

9

Photo 7

7. Réalisez une cane cible en alternant les couches de blanc, anthracite, kaki et vert clair. Réduisez la cane. Coupez trois tronçons de 3 cm.

Photo 8

8. Fendez deux des tronçons en quatre parties égales, dans le sens de la longueur.
9. Le troisième tronçon est réservé pour le centre.

Photo 9

10. Réalisez la fleur en insérant le centre. Comblez les interstices entre les pétales avec les canes cibles coupées en quatre.
11. Entourez d'une fine bande de couleur vert clair. Réduisez.

bonne idée

Changez l'aspect de la fleur en utilisant d'autres couleurs assorties *(photo 9)*.

3. Bon appétit : Le choco **du goûter**

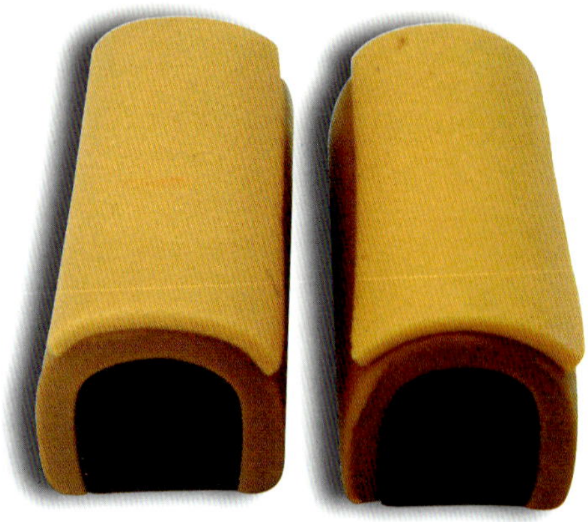

1

2

Comment faire ?

Photo 1

1. Réalisez un boudin marron de section ovale d'environ 1cm de diamètre.
2. Entourez-le d'une bande d'un mélange de doré et de sable. Coupez-le en deux dans le sens de la longueur.
3. Rajoutez les sourcils faits d'une très fine plaque de couleur sable.

Photo 2

4. Positionnez les yeux sur votre plan de travail, comblez l'espace entre les deux yeux avec du mélange doré et sable.
5. Pour le nez, faites un petit boudin du mélange doré et sable, coupez-le en deux dans le sens de la longueur, rajoutez une très fine plaque de couleur sable, comme pour les sourcils. Positionnez le nez sous les yeux.
6. Comblez les interstices avec le demi-boudin restant recoupé en deux.

niveau de difficulté *

pâtes

Marron, doré et sable.

4

5

6

Photo 3

7. Faites un gros boudin de pâte marron pour la bouche. Donnez-lui une forme de croissant. Entourez-le d'une plaque de mélange doré et sable et positionnez-le sous le nez.

Photo 4

8. Entourez l'ensemble de plusieurs plaques de mélange doré et sable, jusqu'à obtenir une forme carrée.
9. Ajoutez une fine bande marron sur deux côtés, puis une dernière bande de mélange.

Photo 5

10. Réduisez au diamètre souhaité, coupez suivant l'utilisation que vous allez en faire (boutons, décorations pour du scrap...).

bonne idée

Ne restez pas sur le chocolat, ces petits goûters seront aussi appétissants à la fraise ou à la vanille !

Un muffin so **british**

1

2

3

Comment faire ?

Photo 1
1. Réalisez un dégradé avec les trois couleurs, marron, mélange doré et ocre.

Photo 2
2. Transformez le dégradé en cane dégradé-spirale, en roulant de l'ocre vers le marron *(voir page 11)*.

Photo 3
3. Allongez cette cane et donnez-lui une forme légèrement aplatie grâce au rouleau.
4. Coupez cinq morceaux et collez-les ensemble en trapèze pour former la base du gâteau.

niveau de difficulté *

pâtes
Marron, doré, sable, ocre, blanc, rose et rouge.

à savoir
Cette cane ne pourra pas être réduite, veillez aux proportions suivant l'utilisation que vous en ferez.

4

5

6

Photo 4
5. Réalisez deux plaques épaisses blanches et une rose, superposez-les. Repassez l'ensemble dans la machine à pâte à l'écartement le plus large. Égalisez cette bande à la taille de la base du gâteau.

Photo 5
6. Modelez trois boudins de pâte rouge de même taille que la base du gâteau.
7. Déposez le début de la plaque blanche et rose sur la base du gâteau, et repliez en accordéon en insérant les boudins de pâte rouge, et ainsi de suite pour former la chantilly.

Photo 6
8. Réalisez un dégradé du rouge vers le blanc et transformez-le en cane dégradée-cible le blanc au centre. Réduisez cette cane et coupez-la à la longueur du gâteau.
Posez votre cerise sur le gâteau!

Salade de fruits **jolie jolie...**

Parfait pour l'été, ce petit bracelet est à consommer sans modération !

Retrouvez dans les pages suivantes, de 73 à 81, les canes fruits utilisées pour le réaliser.

La folie **des agrumes**

1

2

Comment faire ?

Photo 1

1. Faites un mélange de pâte translucide avec une pointe d'orange. Modelez-en un boudin. Entourez-le d'une fine plaque de pâte blanche.
2. Réduisez le boudin pour avoir une longueur totale de 14 cm.

Photo 2

3. Coupez sept tronçons de 2 cm.
4. Reprenez un tronçon que vous réduirez à une longueur de 10 cm, puis coupez-le en cinq morceaux de même hauteur.
5. Assemblez tous les morceaux de différents diamètres, mais de même hauteur, de façon aléatoire en formant un triangle.

pâtes
Orange, blanc, translucide.

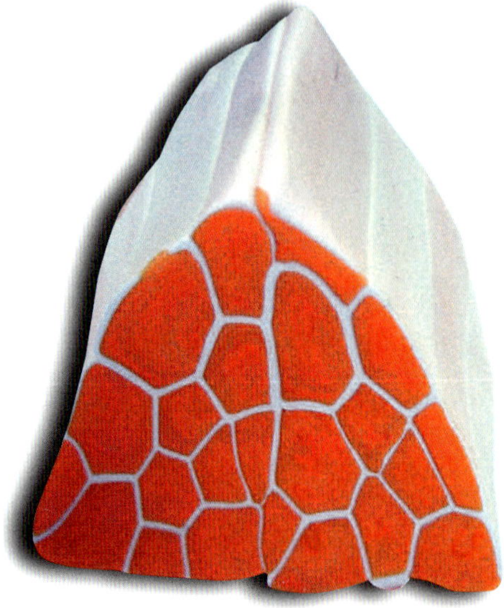

3

4

Photo 3

6. Réduisez en triangle *(voir page 113 du cahier technique)*.
7. Coupez en deux tronçons de longueur identique, puis réassemblez-les pour former un nouveau triangle, de façon à resserrer les dessins qui formeront la pulpe.

Photo 4

8. Réduisez à nouveau jusqu'à une longueur de 18 cm.
9. Coupez neuf tronçons de 2 cm dans cette cane.

astuce

La réduction en triangle est particulière : repérez bien le sommet de la cane pour ne pas déformer le motif. Veillez également à ne pas creuser les côtés par une trop forte pression de vos doigts sur la cane.

5

6

Photo 5

10. Mettez-les en forme sur le plan de travail en insérant de temps en temps de fins boudins de pâte blanche près du centre, entre les tronçons. Ils formeront les pépins en s'écrasant lors de la réduction.
11. Rajoutez un fin boudin de pâte blanche pour former le centre de l'orange.

Photo 6

12. Entourez successivement d'une fine plaque blanche, puis d'une fine plaque orange translucide et d'une fine plaque orange pour finir.
13. Réduisez.

bonne idée
Vous pouvez décliner cette cane en d'autres agrumes : citrons verts ou jaunes, pamplemousses, amusez-vous !

La kiwi **attitude !**

1

2

3

Comment faire ?

Photo 1

1. En utilisant l'écru et les trois tonalités de vert, réalisez un dégradé de l'écru vers le vert plus foncé.

Photo 2

2. Transformez le dégradé en cane dégradé-spirale, en roulant de l'écru vers le vert *(voir page 11)*.
3. Coupez la cane en quatre quarts, en croix.

Photo 3

4. Pincez chaque quartier en ramenant le vert vers la pointe, tout en conservant la même hauteur pour chaque quartier.
5. Rassemblez les quartiers côte à côte et étirez la cane obtenue.

niveau de difficulté **

pâtes

Marron, écru, jaune très pâle, noir et trois tonalités différentes de vert.

4

5

6

Photo 4

6. Coupez-la en deux, puis rassemblez à nouveau, côte à côte.
7. Réduisez pour obtenir une cane carrée aux stries de plus en plus fines.

Photos 5 et 6

8. À l'aide de la lame, tranchez six fois la cane pour pouvoir y insérer des fins boudins de pâte noire au niveau de sa partie écrue.
9. Façonnez à l'aide d'une tige métallique les encoches pour y placer les petits boudins de pâte noire.

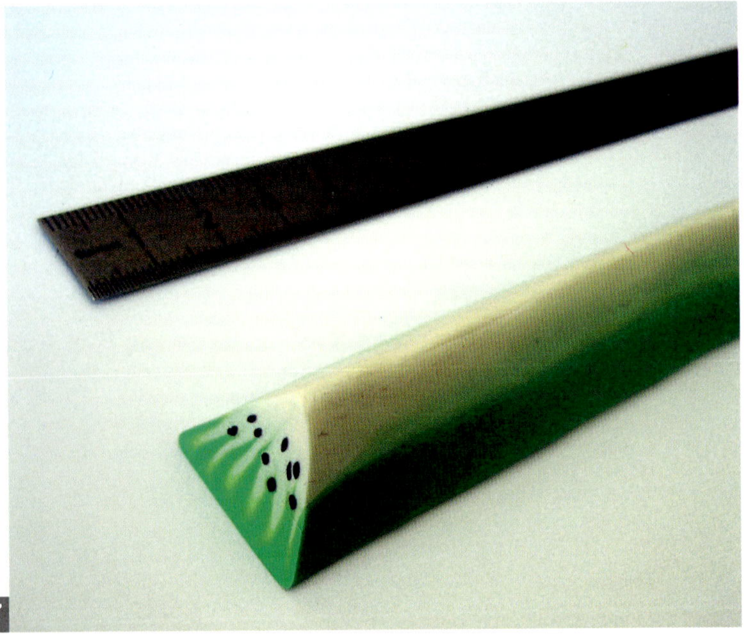

7

8

Photo 7

10. Reformez la cane et réduisez-la en pinçant le côté écru pour en faire un triangle de 12 cm de long.

Reportez-vous page 113 du cahier technique pour voir la technique de réduction d'une cane de section triangulaire.

Photo 8

11. Coupez six tronçons de 2 cm chacun.

Mettez-les en forme sur votre plan de travail. Aplatissez légèrement l'extrémité de chaque triangle pour laisser une place pour le centre de la cane.

9

Photo 9

12. Insérez un petit boudin jaune pâle pour le centre.

13. Entourez successivement d'une fine bande vert plus foncé, puis une jaune pâle un peu plus fine et enfin une bande fine de pâte marron.

Photo 10

14. Votre cane est prête à être réduite au diamètre désiré.

bonne idée

Cette cane peut vous servir à faire des fruits miniatures pour la maison de poupées.
Coupez une tranche assez épaisse, rapprochez doucement les bords marron sur une face en formant un bombé, terminez la queue du fruit avec une petite boule de pâte marron. Piquez le côté marron avec une aiguille pour imiter la peau du kiwi.

10

Tranche de **pastèque**

1

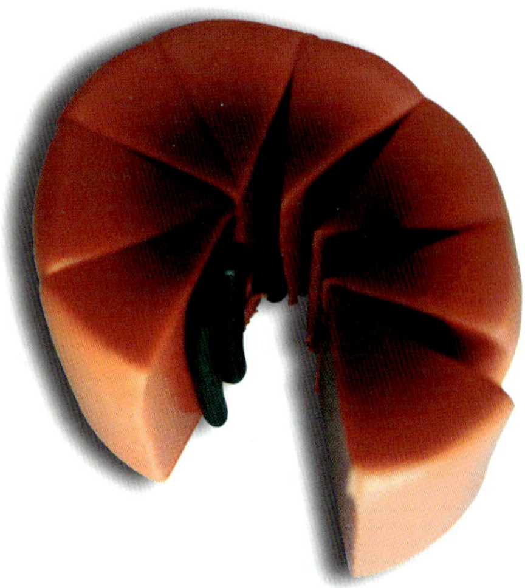

2

Comment faire ?

Photo 1

1. Réalisez un dégradé du rouge clair vers le plus foncé.
2. Transformez le dégradé en cane dégradé-spirale *(voir page 11)*, en roulant du plus foncé vers le plus clair.

Photo 2

3. Coupez la cane en huit parts égales et placez irrégulièrement, assez près du centre, de fins boudins de pâte noire pour former les pépins.

niveau de difficulté *

pâtes

Noir, blanc, rouge foncé, rouge plus clair, vert pomme, vert plus foncé.

astuce

Réalisez vos propres mélanges pour obtenir des rouges plus proches de la réalité que les rouges du paquet. Pour cela, mélangez du rouge avec, soit une pointe de noir, soit une pointe de blanc pour varier l'intensité.

3

4

5

Photo 3

4. Reformez la cane et entourez-la d'une fine bande blanche.

Photo 4

5. Superposez deux plaques de pâte vert foncé avec une vert clair, de même largeur que la hauteur de la cane, et de longueur suffisante pour entourer toute la cane.
6. Découpez de petits tronçons réguliers et placez-les tout autour de la cane.

Photo 5

7. Réduisez votre cane pastèque au diamètre voulu. Vous pouvez couper des tranches en deux pour réaliser des boutons ou des perles.

4. En vrac : Un petit air **aztèque**

1

2

3

Comment faire ?

Photo 1

1. À l'aide d'un emporte-pièce rond du même diamètre que le pistolet, réalisez plusieurs pastilles dans des plaques de différentes couleurs.

Photo 2

2. Superposez ces pastilles de façon aléatoire pour former un cylindre à rayures du même diamètre que votre pistolet extrudeur.
3. Placer l'embout triangulaire et extrudez la pâte.

Photo 3

4. Réalisez une grande plaque de 3 cm de large avec la pâte grise.
5. Découpez des tronçons de 3 cm dans votre boudin triangulaire extrudé et placez-les en quinconce sur la plaque.

niveau de difficulté *

pâtes
Gris, vert pomme, bleu zinc, orange et blanc.

matériel
Pistolet extrudeur.

4

Photo 4

6. Posez une plaque épaisse blanche de même dimension sur le tout.

7. Roulez doucement cette plaque pour former une grosse cane spirale, le côté gris à l'extérieur.

5

Photo 5

8. Réduisez cette cane en carré *(voir page 113)*.

6

Photo 6

9. Coupez cette cane en quatre morceaux de même longueur et assemblez à nouveau pour former un dessin symétrique.

10. Réduisez, votre cane aztèque est prête.

astuces

Selon les couleurs choisies au départ pour cette cane, vous obtiendrez un résultat totalement différent.

N'hésitez pas à tester différents embouts pour des résultats toujours surprenants !

L'œil d'**Horus**

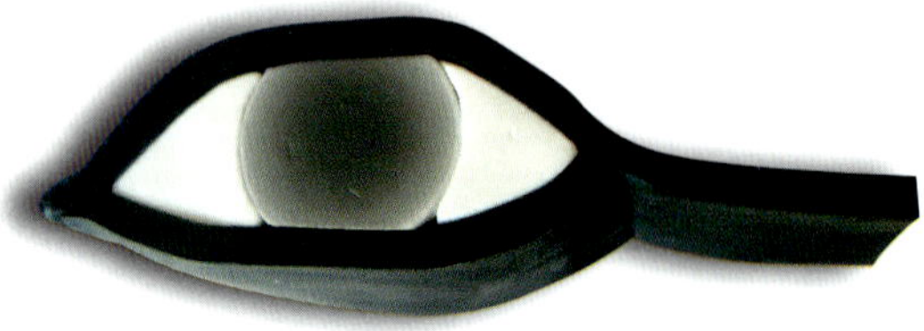

1

2

3

Comment faire ?

Photo 1

1. Réalisez un dégradé du gris vers le blanc. Transformez-le en cane dégradé-spirale, gris au centre *(voir page 11)*.
2. Posez cette cane sur votre plan de travail, elle doit faire environ 3 cm de hauteur et 1 cm de diamètre.
3. Ajoutez de chaque côté deux triangles de pâte blanche.
4. Cernez d'une bande de pâte noire, en laissant la partie supérieure dépasser d'un côté.

Photo 2

5. Réalisez une longue bande de pâte noire de 3 cm de large dont vous aplatissez l'extrémité, puis une blanche de même largeur. Superposez-les.

Photo 3

6. À partir de l'extrémité aplatie noire, amorcez une spirale (la plaque blanche à l'intérieur) et collez l'autre extrémité de la plaque sous l'œil.

niveau de difficulté **

pâtes

Gris, noir et blanc en assez grande quantité.

4

Photo 4

7. Ajoutez deux bandes de pâte noire, dont un morceau un peu plus court sous l'œil.
Aidez-vous des photos pour conserver les proportions.
8. Commencez à combler avec des bandes de pâte blanche.

5

Photo 5

9. Formez le sourcil : posez deux bandes de pâte blanche sur l'œil, puis une bande de pâte noire.
10. Comblez avec de la pâte blanche en conservant un format carré, cernez d'une bande de pâte blanche.

6

Photo 6

11. Réduisez en carré *(voir page 113)* jusqu'au diamètre désiré.

tour de main

Pour réaliser ce pendentif *(photo 7)*, réduisez la cane à trois tailles différentes. Coupez une tranche assez épaisse à chaque taille. Montez-les en breloques *(voir page 113 du cahier technique)*.

7

Kaléidoscopique

Une cane qui va vous en faire voir de toutes les formes !

niveau de difficulté *

astuces

Utilisez des restes de canes aux couleurs assorties contenant de préférence des dégradés pour apporter luminosité et relief à cette cane spectaculaire.

N'hésitez pas à mélanger canes cibles, spirales, fleurs, rayures pour un maximum de motifs.

1

2

Photos 1 et 2

1. Préparez vos restes de canes.
2. Réalisez un dégradé conséquent d'une couleur foncée (ici beige) vers le blanc, coupez la plaque de dégradé en deux, et fabriquez une cane dégradé-spirale avec l'un des morceaux (couleur foncée au centre) et une cane dégradé-accordéon avec l'autre.

3

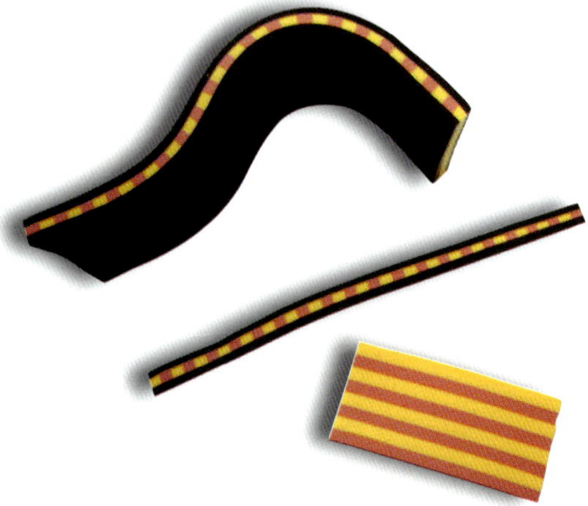

4

Photos 3 et 4

3. Superposez des plaques de deux couleurs contrastées (cane rayures).

4. Coupez des tranches que vous allez positionner sur une longue plaque fine de couleur noire. Puis recouvrez le tout d'une nouvelle fine plaque de noir.

5

Photo 5

5. Réorganisez les restes de canes en coupant certaines canes en deux, dans le sens de la longueur (avec les canes en dégradés par exemple).

6. Réduisez en triangle.

bonne idée

Ici, vous pouvez également ajouter un pétale de cane "hypnose végétale" de la page 64.

6

7

8

Photo 6

7. Coupez en six et réorganisez vos triangles. Voilà, la cane est prête !

Photos 7 et 8

8. Avec d'autres restes de canes et une autre façon de les assembler, on obtient un résultat tout à fait différent, mais néanmoins intéressant.

L'important, c'est de combiner des canes simples avec des dégradés (qui apportent de la lumière et de la profondeur) et des canes de couleurs contrastantes assorties. Il ne faut pas trop les réduire au départ, sinon les motifs vont se perdre et l'effet ne sera pas celui escompté.

Home sweet **home**

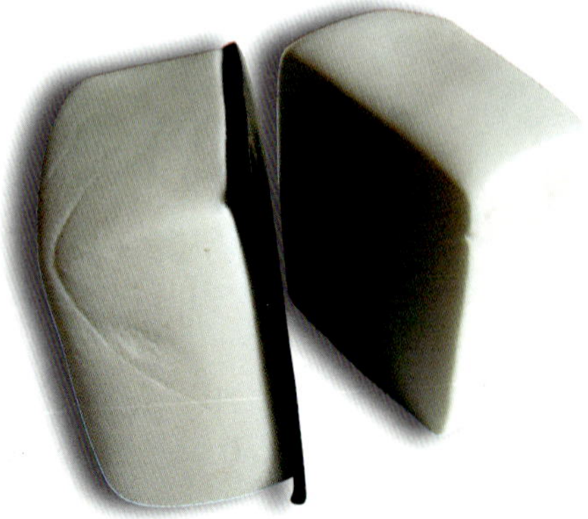

1

2

3

Comment faire ?

Photo 1

1. Modelez un cube de pâte blanche d'environ 2 cm de côté.
2. Insérez une très fine bande de pâte noire dans un sens puis dans l'autre, entourez le cube d'une fine bande noire.

Photo 2

3. Réduisez cette cane fenêtre à une longueur d'environ 6 cm.
4. Coupez-en un tiers et gardez-le de côté.

Photo 3

5. Sur les deux tiers restants, collez de chaque côté deux bandes de pâte bleue.
6. Réduisez encore pour avoir une largeur totale (fenêtre et volets) de 2 cm, coupez en deux morceaux de 3 cm de haut.

niveau de difficulté **

pâtes

Noir, blanc, vert pomme, jaune pâle, orange et bleu.

à savoir

Pour fabriquer cette cane, vous devrez réaliser plusieurs canes successives, puis les assembler. Respectez les proportions et, si vous réalisez vos propres mélanges de couleurs, prévoyez-en suffisamment.

4

5

Photo 4

7. Sur le tiers mis de côté, collez également des bandes de pâte bleue tout autour, puis insérez un fin boudin de pâte noire pour réaliser la poignée de cette cane porte.
8. Réduisez-la pour que sa largeur fasse environ 2 cm et égalisez à 3 cm de profondeur.

Photo 5

9. Fabriquez une cane fleur simple avec cinq boudins de pâte rose pour les pétales disposés autour d'un boudin de pâte jaune.
10. Insérez des petits triangles de pâte jaune entre les pétales et entourez la cane fleur d'une fine bande de pâte jaune.
11. Réduisez cette cane à un diamètre d'environ 0,5 cm, coupez-la en deux tronçons de 3 cm.

6

7

8

Photo 6

12. Disposez les canes fenêtres sur votre plan de travail et la cane porte dessous de façon équilibrée.
13. Comblez avec des bandes de pâte jaune tout autour, le carré final doit faire environ 4 cm, avec une profondeur de 3 cm.

Photos 7 et 8

14. Creusez l'emplacement pour les canes fleurs à l'aide d'un mini emporte-pièce rond, ou d'une paille. Insérez les canes. Puis insérez de fines bandes de pâte verte pour réaliser les tiges et les feuilles. Reformez le cube.
15. Réduisez à la taille désirée.

9

10

Photo 9

16. Modelez un boudin de pâte jaune pour le toit, puis réduisez-le en triangle sur le plan de travail, posez-le ensuite sur la maison en appuyant tout le long.

Photo 10

17. Réalisez une bande de pâte orange et posez-la sur le toit en appuyant également tout le long.

conseil

Votre cane est prête à être utilisée, coupez des tranches d'épaisseur régulière et percez deux petits trous pour en faire des boutons par exemple.

Révisez vos mathématiques : multiplication **et géométrie**

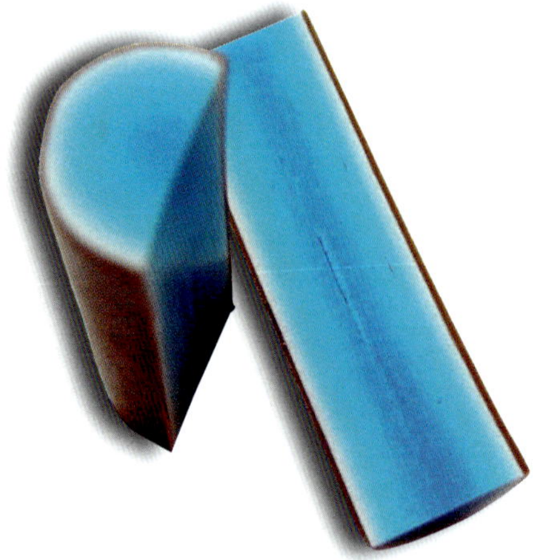

1

2

Comment faire ?

Photo 1

1. Réalisez un dégradé conséquent du blanc vers le bleu, roulez-le du bleu vers le blanc, on obtient une cane dégradé-spirale. Entourez-la d'une fine bande de couleur noire.
2. Réduisez la cane à 21 cm, coupez cinq tronçons de 3 cm et un tronçon de 6 cm. Coupez chaque tronçon de 3 cm en deux, dans le sens de la longueur. Gardez le tronçon de 6 cm restant.

Photo 2

3. Réorganisez les demi-tronçons autour d'une cane cible réalisée dans des couleurs assorties.

niveau de difficulté *

pâtes

Bleu, noir, blanc, vert anis, orange.

3

Photo 3

4. Réalisez une cane dégradé-accordéon du blanc vers le vert anis. Réduisez-la et coupez-la en tronçons de 3 cm.

5. Modelez chaque tronçon en petit triangle et insérez chaque triangle entre les demi-tronçons bleus.

4

Photo 4

6. Reprenez le tronçon de 6 cm mis de côté, réduisez-le à 30 cm, puis coupez-le en dix tronçons de 3 cm. Donnez-leur une forme carrée. Insérez un carré bleu entre chaque triangle vert.

5

Photo 5

7. Comblez les interstices entre les triangles et les carrés en utilisant un fin boudin de couleur bleue ou verte au choix.

8. Entourez le tout d'une fine bande de couleur bleue.

6

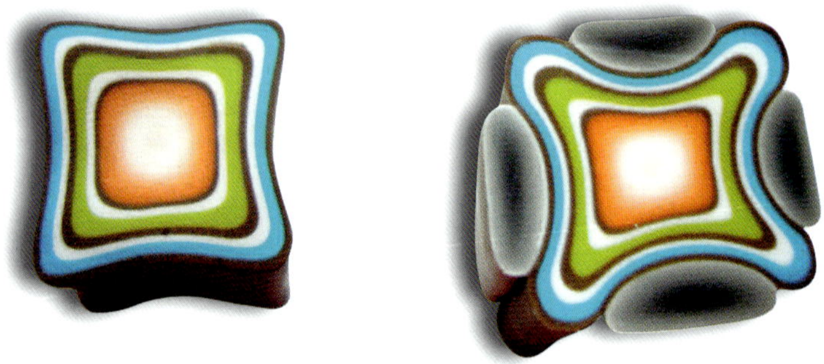

7

8

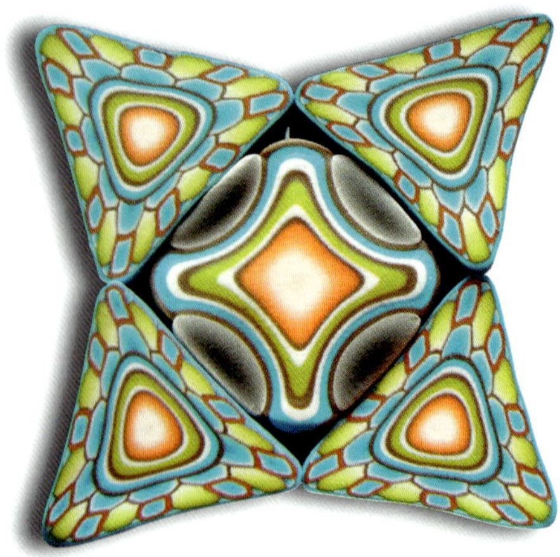

Photo 6

9. Réduisez en triangle.

Photo 7

10. Reprenez le reste de la cane cible utilisée pour le centre. Réduisez-la en carré.

11. De chaque côté de la cane cible, apposez une cane dégradé-spirale du gris vers le blanc. Appuyez de façon à obtenir un nouveau carré.

Photo 8

12. Coupez la cane triangle en quatre, entourez la cane carrée avec ces quatre tronçons.

9

10

11

Photo 9
13. Puis réduisez la cane en carré.

Photos 10 et 11
Suivant la couleur utilisée en fond, le rendu sera différent.

Point de **croix**

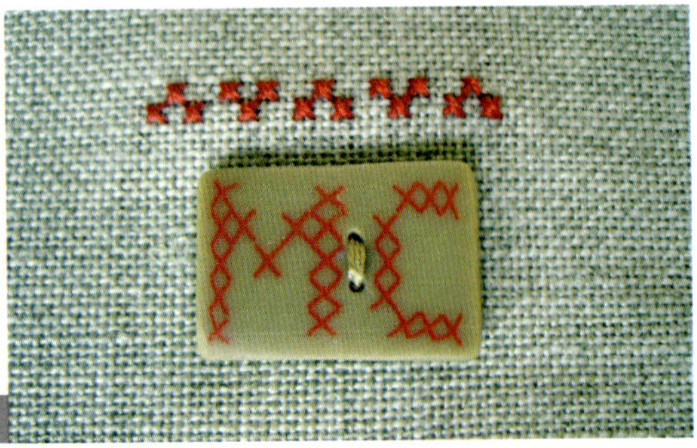

1

2

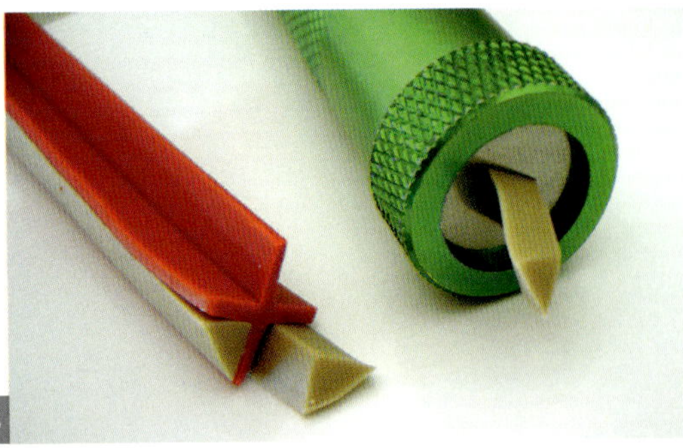

3

Comment faire ?

Photo 2

1. Formez un boudin de pâte rouge et placez-le dans votre pistolet extrudeur avec l'embout en forme de croix. Extrudez.

Photo 3

2. Nettoyez votre pistolet extrudeur et placez-y un boudin de pâte couleur lin avec l'embout triangulaire. Extrudez.
3. Placez ces boudins triangulaires obtenus tout autour de la croix rouge.

niveau de difficulté *

pâtes

Rouge et couleur lin.

matériel

Pistolet extrudeur avec la série d'embouts contenant celui en forme de croix.

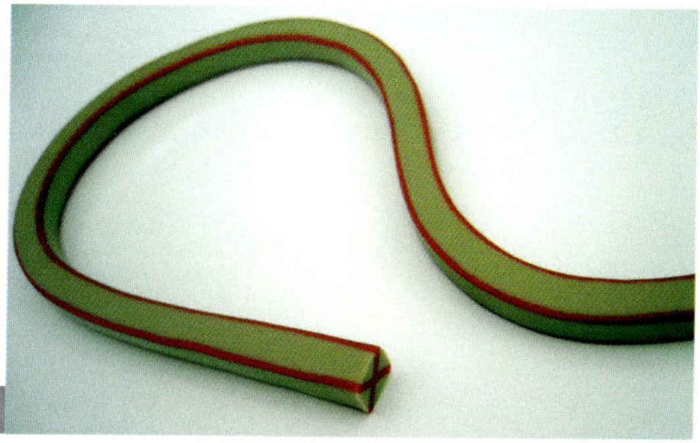

4

5

6

Photo 3

4. Réduisez délicatement cette cane carrée pour avoir un côté d'environ 0,5 cm.

Photo 4

5. Modelez un nouveau boudin de pâte couleur lin, à extruder avec la forme carrée cette fois-ci. Réduisez au même diamètre.
6. Coupez des tronçons de ces deux canes pour former des lettres comme en point de croix. Vous pouvez vous aider d'un schéma.

Photo 5

7. Réduisez, votre cane est prête.

astuce

Ici, le choix s'est porté sur des initiales, mais vous pouvez tout à fait réaliser n'importe quel motif.
La cane initiale réalisée peut vous servir pour signer vos bijoux par exemple, ou vos broderies sous forme de boutons.

Sugar **skull**

Bonne idée

Vous pouvez utiliser une image ou un dessin pour réaliser une cane. Merci à Corissa « Wicked Minky » (artiste américaine) dont les magnifiques dessins nous ont inspirés dans cet exemple, et qui a très gentiment donné son accord pour la réalisation de cette cane.

1

2

3

Comment faire ?

Pour les yeux

Utilisez la cane fleur de la page 60.

Pour les dents (Photos 1, 2 et 3)

1. Réalisez un dégradé : bleu, violet et blanc. Pliez-le en cane dégradé-accordéon.
2. Coupez-le suivant la photo.
3. Réorganisez la cane en mettant les deux côtés blancs face à face, en insérant une fine plaque de couleur noire entre les deux.
4. Entourez le tout d'une fine plaque de couleur noire.

niveau de difficulté ****

pâtes

Rouge, noir, gris, blanc, bleu, vert, jaune, violet.

4

Photo 4

5. Réduisez cette cane : il vous faut deux morceaux de même taille (qui serviront à faire les dents du milieu), puis réduisez encore en gardant deux autres morceaux de même taille et finissez la réduction pour les deux dernières dents.
Respectez toujours la même hauteur de cane.

5

Photo 5

6. Entourez les dents posées côte à côte d'une fine bande de couleur jaune. Marquez bien les interstices entre chaque dent à l'aide d'un cure-dent ou d'une aiguille. Puis faites de même avec une fine bande de couleur noire.

6

Photo 6

7. Positionnez vos canes yeux en forme de fleur et votre cane dents et vérifiez bien que les proportions sont gardées.

7

8

9

10

Photos 7, 8 et 9

8. Réalisez un boudin de couleur bicolore, rouge et rouge foncé. Il n'est pas nécessaire que les deux parties soient symétriques.

9. À l'aide d'un emporte-pièce, découpez un cœur dans le boudin.

10. Entourez le tout d'une fine bande de pâte noire.

11. Refaites la même chose avec un emporte-pièce de taille plus petite.

Photo 10

12. Positionnez les deux cœurs, en mettant le plus petit à la place du nez, à l'envers. L'autre cœur sert de décor au niveau du front.

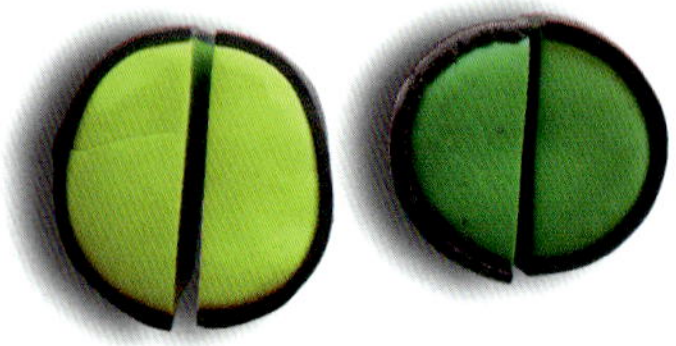

11

12

13

14

Photos 11, 12 et 13

13. Réalisez deux boudins de pâte verte : un foncé, et un clair de la même hauteur que les autres canes réalisées précédemment. Entourez-les d'une fine plaque de couleur noire, coupez-les en deux par le diamètre.

14. Reformez un nouveau boudin, en utilisant une moitié foncée et une moitié claire, insérez une fine plaque noire au milieu.

15. Pincez un côté pour donner une forme de feuille. Réduisez l'un des deux boudins à deux fois la hauteur des autres canes et coupez ce boudin en deux parties égales.

16. Avec un emporte-pièce rond, formez des encoches sur les feuilles de la taille d'un pétale de la fleur rouge de façon à positionner la feuille contre le pétale *(photo 14)*.

Photo 14

17. Réorganisez les canes feuilles autour des canes fleurs rouges.

15

16

Photos 15 et 16

18. Réalisez un dégradé conséquent du bleu vers le blanc. Roulez-en les deux tiers en dégradé-accordéon et le tiers restant en dégradé-spirale du bleu vers le blanc.

19. Utilisez le dégradé-spirale pour combler l'espace entre le nez et les yeux. Allongez le boudin sous forme ovale. Faites les encoches pour les yeux à l'aide d'un emporte-pièce rond et retirez un triangle à l'aide de la lame pour insérer le nez.

20. Modelez la moitié du dégradé-accordéon sous forme de larme. Étirez le boudin et coupez-le en deux. Positionnez les deux larmes juste au-dessus des feuilles.

21. L'autre moitié est à modeler en forme d'ovale. Étirez le boudin et coupez-le en deux. Positionnez-les sous la bouche.

conseil

**Veillez toujours à respecter les proportions en positionnant les différents éléments côte à côte.
N'hésitez pas à réduire une cane si celle-ci vous paraît disproportionnée.**

17

18

Photo 17

22. Réalisez un gros boudin de couleur violette, entourez-le d'une fine bande de pâte de couleur noire. Étirez-le et coupez cinq tronçons de la même hauteur. Réservez le reste.
23. Coupez chaque tronçon en deux, afin d'obtenir dix demi-cercles.
24. Positionnez trois demi-cercles l'un à côté de l'autre de chaque côté des joues et sous les dents.
25. Placez deux boudins ovales de pâte de couleur noire de chaque côté des dents.

Photo 18

26. Réduisez le reste du boudin violet. Coupez-le en cinq tronçons de même hauteur. Positionnez-les suivant la photo.
27. Ajoutez deux boudins de couleur grise contre les boudins ovales bleus.

à savoir

Comment créer l'arrondi des pommettes ?

1. Utilisez une plaque de pâte noire en passant à l'intérieur des boudins bleus, puis à l'extérieur des demi-cercles violets.
2. Entourez le menton avec une plaque de pâte noire.

19

20

21

Photos 19 et 20

28. Comblez les interstices avec de la pâte de couleur blanche. Tout d'abord, faites un tour blanc de chaque élément puis comblez avec des triangles et des petits boudins.
Rectifiez les proportions si nécessaire.
29. Entourez toute la cane d'une plaque de couleur noire.

Photo 21

30. Puis entourez de plaques successives de couleur verte, de façon à obtenir un carré, finissez par une plaque de couleur orange.
31. Laissez reposer quelques heures, puis réduisez doucement. Appliquez-vous car les pertes seront importantes en cas de précipitation.

La folie des **canes**

[Le carnet **technique**

Le matériel pour le travail de la **pâte polymère**

Vous partirez avec un avantage certain en ayant du bon matériel, mais inutile de vous ruiner avec des gadgets.

Un plan de travail propre et lisse comme un carreau de carrelage lisse, ou bien une plaque de verre aux bords non coupants. Prévoyez-le d'une taille correcte, environ d'un format A4.

Un rouleau en acrylique pour aplatir la pâte, il se nettoie facilement et la pâte n'y adhère pas, contrairement au rouleau en plastique ou en bois.

Une machine à pâte pour conditionner la pâte, homogénéiser vos mélanges de couleurs, réaliser un dégradé rapidement, fabriquer des bandes d'épaisseur régulière. Choisissez une machine de qualité.

Des lames très coupantes, rigides, spécifiques à la pâte polymère. Il existe des lames flexibles, ondulées ou crantées pour les découpes fantaisie.

Une règle métallique plate pour mesurer les canes et faire des tranches calibrées.

Un mini emporte-pièce avec des tailles variées.

Un pistolet extrudeur qui servira notamment pour la cane aztèque ou la cane point de croix, mais vous sera aussi très utile pour la fabrication de serpentins réguliers, ou certaines canes très psychédéliques.

Du papier cristal (fleuristes) pour conserver vos canes. Ce papier transparent ne se désagrège pas au contact de la pâte, contrairement au film alimentaire.

à savoir

Vous trouverez ces fournitures spécifiques chez notre partenaire : www.perlesandco.com

La manipulation et la transformation de la **pâte polymère**

La pâte polymère ressemble à s'y méprendre à la pâte à modeler de notre enfance, mais elle demande toutefois un **conditionnement particulier** :

1. Coupez vos pains en tranches fines et passez-les dans la machine à pâte au plus gros écartement.
2. Assemblez-les et repassez-les dans la machine plusieurs fois en repliant votre plaque de pâte à chaque passage.
3. Passez toujours le pli vers le bas, pour éviter d'emprisonner des bulles d'air dans la pâte.
4. Répétez cette opération afin d'obtenir une pâte souple, non friable et non collante.

Le travail de la couleur

Pour personnaliser votre travail, utilisez d'autres harmonies de couleurs que celles proposées dans le livre, car le résultat d'une cane dépend aussi des couleurs utilisées.
Suivez votre sensibilité artistique dans le choix des couleurs et mélangez-les pour créer votre propre univers.

Les harmonies fonctionnent dès lors que les couleurs sont opposées sur le cercle chromatique ou alors vous choisissez une couleur dominante associée à deux teintes proches.

Évitez les associations de plus de trois couleurs dominantes. Préférez une couleur franche avec une ou deux autres teintes maximum, plus du noir et du blanc neutres, pour éclaircir ou assombrir selon votre envie.

astuce

Pour un résultat optimisé, n'oubliez pas qu'il est plus facile de foncer une couleur que de l'éclaircir. Par exemple, pour fabriquer du gris, prenez un morceau de pâte blanche, puis ajoutez une pointe de pâte noire, mélangez et rajoutez du noir si vous voulez foncer votre gris.

conseil

Portez des gants afin de limiter le travail de ponçage après cuisson et le mélange des couleurs entre elles.
Le port de gants permet aussi d'éviter le risque d'allergie (rare, mais néanmoins possible).

La réalisation des **canes**

Pour la réalisation des canes, nous avons choisi de ne pas parler en quantité utilisée : plus vous prendrez de pâte au départ de la cane, plus vous aurez une cane importante au final.

Il faut savoir qu'en moyenne, pour un dégradé, comptez un demi-pain d'une couleur, et un demi-pain d'une autre (pains d'environ 60 g).

En général, travaillez sur des hauteurs de cane de minimum 2 cm et maximum 4 cm pour un résultat optimal.

Lors d'une construction d'une cane complexe, assurez-vous de bien positionner les différents éléments, qu'ils aient la même hauteur et des proportions équilibrées. Vous pouvez vous aider d'un schéma à l'échelle sur papier.

Veillez à utiliser des pâtes de la même consistance pour une même cane, pour éviter des déformations à la réduction.

à savoir

Certaines canes *(comme la cane Sugar skull page 100)*. sont gourmandes en pâte, mais cela est nécessaire car elles contiennent beaucoup de détails.

La réduction des **canes**

1

2

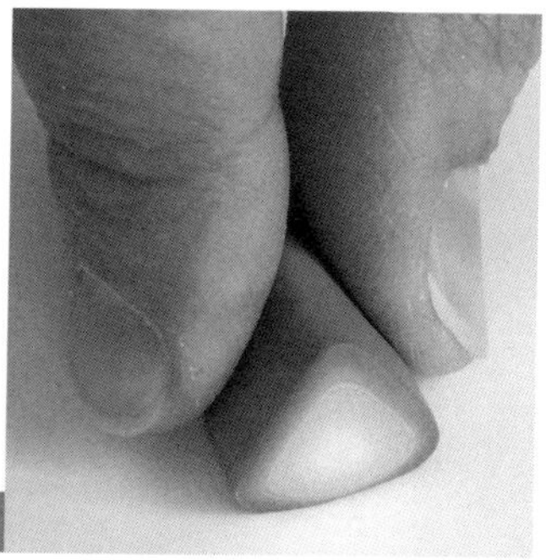

3

Prenez votre temps, la réduction doit se faire délicatement en faisant attention à ne pas déformer le motif.

La réduction d'une cane ronde

1. Pressez délicatement entre le pouce et l'index l'extrémité de la cane. Exercez avec le pouce et l'index de l'autre main une pression opposée. Relâchez, tournez la cane d'un quart de tour et recommencez l'opération de pression.
2. Continuez jusqu'à obtenir le diamètre souhaité. Relâchez.
3. Tournez la cane et faites de même de l'autre côté.
4. Vous obtenez une forme de bonbon. Appuyez de la même façon (pouce et index en opposition) jusqu'à obtenir un boudin de même diamètre tout du long.

La réduction d'une cane carrée

1. Procédez de la même manière qu'une cane ronde.
2. Vous pouvez aussi réduire avec un rouleau acrylique. Roulez-le sur chaque côté alternativement, en exerçant une pression égale jusqu'à obtenir le diamètre souhaité. Vos angles seront ainsi plus nets qu'avec une réduction à la main.

La réduction d'une cane triangle

1. Posez votre cane sur le plan de travail.
2. Exercez une pression sur les deux faces supérieures entre le pouce et l'index. Relâchez, tournez la cane d'une face, puis recommencez.
3. Répétez ces opérations jusqu'à obtenir le diamètre souhaité.

conseil

Ne jamais rouler votre cane pour la réduire, cela anéantit le motif. Mais vous pouvez, à la fin de la réduction, lisser la cane en la roulant délicatement sur votre plan de travail.

Après chaque pression, pensez bien à relâcher vos doigts pour ne pas vriller le motif dans la cane.

à savoir

Lors de la réduction, les extrémités se déforment toujours un peu, avec de la pratique, vous arriverez à limiter ces déformations.

Autour de la **pâte polymère**

1

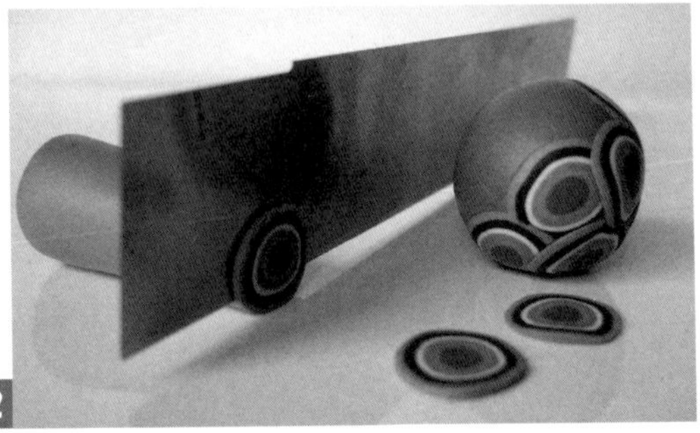
2

L'utilisation des canes

Pour des découpes de tranches parfaites :

- Utilisez une lame spécifique *(voir matériel page 110)*.
- Votre cane doit être ferme, pour cela vous pouvez la laisser reposer quelques heures après réduction ou alors la placer quelques minutes au congélateur.
- Coupez sur un support dur.
- Tournez la cane d'un quart de tour à chaque découpe.
- Prenez votre temps.

L'épaisseur des tranches variera selon l'utilisation que vous souhaiterez en faire. Par exemple, pour des breloques, pensez à trancher suffisamment épais afin de passer une tige pour accrocher la breloque *(photo 1)*.

Pour décorer une perle avec des tranches de cane, celles-ci devront être assez fines pour bien s'intégrer dans la pâte *(photo 2)*.

La cuisson

Lors de la cuisson, il est indispensable de bien suivre les recommandations du fabricant concernant la température. Il est nécessaire de se procurer un thermomètre de four pour ajuster au mieux la température.

En effet, si vous ne cuisez pas assez chaud, vos pièces seront cassantes et inexploitables. Et si vous cuisez trop chaud, vous risquez de brûler la pâte ce qui dégagera des vapeurs toxiques.

À la sortie du four, les pièces sont molles, n'y touchez pas avant complet refroidissement.

La cuisson est une étape cruciale, il est vraiment important d'y consacrer de l'attention.

Autour de la pâte **polymère**

Les finitions

Les pièces peuvent être vernies avec un vernis adapté (après un léger ponçage) ou simplement poncées et lustrées.
Pour poncer, utilisez du papier abrasif à l'eau de bonne qualité, du grain 320 pour retirer les grosses imperfections, puis affinez le ponçage en utilisant des grains de plus en plus fins (400, 600, 800, 1000, 1200, 1500 et 2000).

Il suffit, après ce ponçage, de lustrer les pièces en les frottant avec un chiffon doux, ou à l'aide d'une miniperceuse avec l'embout adapté. On obtient des pièces brillantes et lisses qui vieillissent mieux dans le temps que les pièces vernies.

La conservation et le stockage des pâtes

La pâte polymère se conserve à l'abri de la chaleur et de la poussière. Il faut impérativement emballer les pains entamés dans du papier cristal (papier dont les fleuristes se servent pour les bouquets) car à l'air, la pâte se dessèche et craque.

Une fois une cane réalisée, elle se conserve plusieurs années si vous l'emballez soigneusement dans ce papier cristal et dans une boîte hermétique, métallique de préférence.

recommandations du fabricant

La manipulation de la pâte polymère requiert quelques précautions : ne pas manger ou boire en même temps, ne pas se frotter les yeux.

Ce médium n'est pas adapté aux enfants de moins de 8 ans.

Les fournitures de **montage**

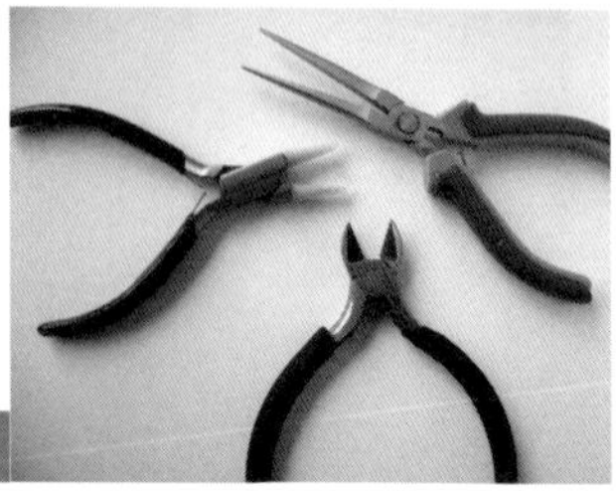
1

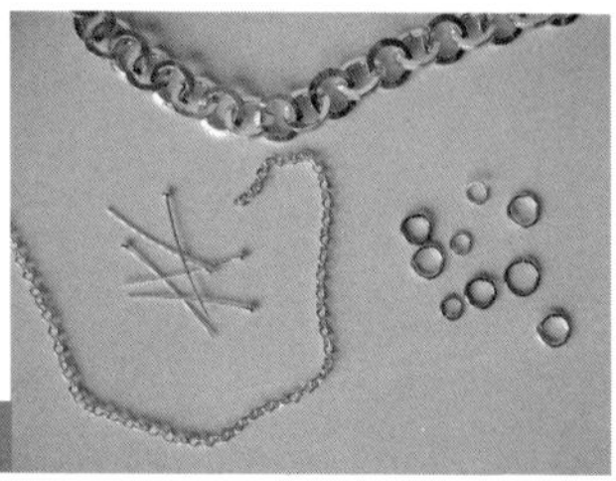
2

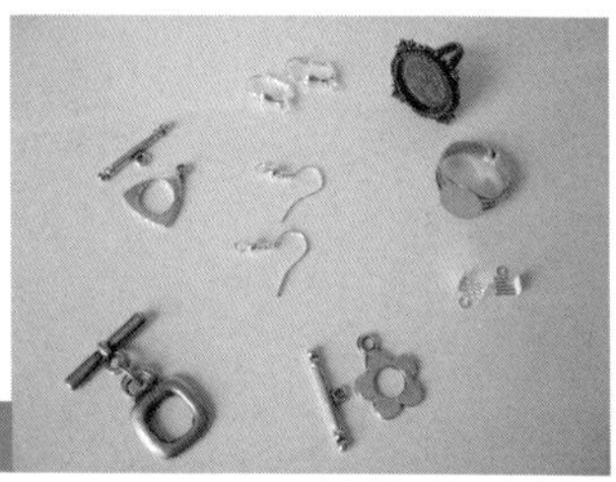
3

4

Les fournitures dépendent des projets que vous allez réaliser, voici les plus fréquemment utilisées.

Photo 1
Les pinces coupantes ou à bout rond.

Photo 2
Les chaînes, les clous de jonction et les anneaux brisés.

Photo 3
Les embouts de serrage, les supports de boucle d'oreille et de bague, les fermoirs.

Photo 4
Des perles et des breloques métalliques.

conseils

N'hésitez pas à acheter des apprêts de qualité, il n'y a rien de plus agaçant que d'avoir des fermoirs qui noircissent ou des anneaux qui se brisent sous la torsion.

Selon le type de projet, certains fermoirs sont plus adaptés que d'autres, le plus simple est de se constituer un petit stock avec plusieurs types d'apprêts, cela permet de ne pas être bloqué au moment du montage.

Pensez également aux personnes qui préfèrent des finitions dorées ou argentées.

Le tour de **main**

1

2

3

Le montage des breloques

Les tranches de canes se prêtent très bien à la réalisation de breloques, comme pour les boucles d'oreilles *(page 64)* ou les bracelets fruits *(page 72)* ou printemps *(page 36)*.

Comment faire une breloque ?

Photo 1

1. Passez une tige à travers la tranche de cane percée avant cuisson.
2. Coupez l'extrémité de la tige à 1 cm.

Photo 2

3. Utilisez la pince ronde pour faire une boucle.

On peut également faire une deuxième boucle de l'autre côté si nécessaire.

4. Ces breloques sont ensuite fixées à une chaîne ou à un support de boucles avec un anneau brisé.

Le montage d'un fermoir (photo 3)

À l'aide d'un anneau brisé, fixez le fermoir à la chaîne ou à l'embout de serrage fixé sur un cordon.

La fabrication d'une bague sertie

1. Coupez une tranche de cane réduite à la taille de votre serti, d'épaisseur suffisante pour former le bombé de la bague.
2. Modelez la tranche dans le serti, lissez avec le doigt.
3. Faites cuire suivant les recommandations avec le serti.
4. Après refroidissement, détachez le cabochon du serti, poncez-le ou vernissez-le suivant vos goûts, puis collez-le au support avec de la colle cyanoacrylate.

partenaire

Vous trouverez les fournitures de montage nécessaires sur le site Internet de notre partenaire Perles & Co.

Lexique

A comme...

ANNEAU BRISÉ
Anneau métallique ouvert qui permet d'attacher deux éléments entre eux.

B comme...

BOUDIN
Colombin de pâte régulier, de diamètre et de longueur variables.

BOULE
Perle ronde sur laquelle on peut coller des tranches de cane.

BRELOQUE
Petite pièce munie d'un anneau permettant de l'accrocher entre d'autres éléments.

C comme...

CABOCHON
Perle de forme ovale, bombée sur le dessus et plate au dos pouvant être sertie ou collée sur un support de bague.

CANE
Rouleau de pâte qui forme un motif plus ou moins complexe dans sa section et tout du long, destiné à être coupé en tranches.

COLLE CYANOACRYLATE
Colle à prise rapide qui ne permet pas de rectifier la position des perles collées.

CONDITIONNER
Préparer la pâte polymère afin qu'elle soit souple. Le conditionnement dépend de la dureté de la pâte et de la température ambiante.

M comme...

MACHINE À PÂTE
Machine utilisée traditionnellement en cuisine (laminoir) pour fabriquer des pâtes fraîches.

P comme...

PLAQUE
Pâte polymère aplatie au rouleau ou à la machine.

R comme...

RÉDUIRE
Étirer un boudin de pâte pour diminuer son diamètre.

T comme...

TIGE-CLOU DE JONCTION
Tige métallique fine qui permet de faire des breloques.

Bonnes adresses autour de la **pâte polymère**

Les sites des auteurs

- www.tranchedecane.canalblog.com
- www.misstyc.com

Des canes fabuleuses à admirer sans modération !

- www.flickr.com/photos/marsdesign-marcia/
- www.flickr.com/photos/ronitgolan/
- www.mathildecreation.com
- www.petitpoucet.canalblog.com
- www.julieeakes.blogspot.com
- www.flickr.com/photos/orlyrab/
- www.web.mac.com/donna_kato/Site/My_Art.html
- www.janarobertsbenzon.com/id1.html

Sites incontournables d'informations sur les pâtes polymères

- www.paroledepate.canalblog.com
- www.polymerclaydaily.com

Associations de fimoteuses francophones (rencontres, stages...)

- www.lefilalapate.canalblog.com
- www.lezartgil.org
- www.association-millefiori.org

Trouvez du matériel sur Internet

- www.perlesandco.com
- www.artgate.fr

Pour les Niortaises et environs, des boutiques sympas !

Magalie à Gala Tissu
Espace Mendès France 1
1 rue Robert Turgot
79000 Niort

Pascale à l'atelier de Lola
74 rue du Moulin
79000 Niort Saint-Liguaire

à savoir

Vous souhaitez faire une bonne action, rendez-vous sur www.fimoflo.canalblog.com, au profit de l'association « Les Bagouzes à Manon » qui soutient la recherche contre les cancers pédiatriques.

Remerciements

Merci à Emmanuelle Prot de nous avoir offert la possibilité de vous faire découvrir le travail des canes en pâte polymère à travers ce livre.

Merci également à Laurence de *Perles & Co* pour la fourniture gracieuse du matériel et ses encouragements.

Un merci particulier à toutes celles qui ont participé directement ou discrètement à l'écriture de ce livre.

Et un énorme merci à celles qui nous ont transmis le virus de la polymère pour lequel il n'existe à ce jour aucun vaccin !

www.creapassions.com

Le site du scrap et des loisirs créatifs

Recevez notre astuce du jour, sur simple inscription gratuite

Imprimé en Espagne

Dépôt légal Janvier 2010